肖复兴 著

天堂裹的一场暴风雨

萧复兴音乐文集
摇滚卷

学林出版社

图书在版编目(CIP)数据

天堂里的一场暴风雨：摇滚卷 / 肖复兴著. —上海：学林出版社,2012.8
（肖复兴音乐文集）
ISBN 978-7-5486-0371-9

Ⅰ.①天… Ⅱ.①肖… Ⅲ.①散文集-中国-当代 Ⅳ.①I267

中国版本图书馆CIP数据核字(2012)第163632号

天堂里的一场暴风雨——肖复兴音乐文集·摇滚卷

作　　者——	肖复兴
责任编辑——	王后法
封面设计——	周剑峰

出　　版——	上海世纪出版股份有限公司　学林出版社
	地址：上海钦州南路81号　电话/传真：64515005
发　　行——	中国图书进出口上海公司
	地址：上海市广中路88号　电话：36357888
排　　版——	南京展望文化发展有限公司
字　　数——	200千字
书　　号——	ISBN 978-7-5486-0371-9/I·67

（如发生印刷、装订质量问题，读者可向工厂调换。）

DYLAN
BOB
UNPLUGGED

VIDEO CD

Paul Simon
You're The One

保羅
你是這一個

All right of producer and of theowner of the word reproduceed restroed unarthorthorized coddringhimg lending pubic performance and broadcasting of this recor prohibited   版權所有 翻版必究

自 序 | PREFACE

　　写作第一篇音乐随笔《最后的海菲兹》，是二十二年前夏天的事情了。

　　那时，我到当时的联邦德国出差一个多月，节省下来一千美金，买回一台当时不错的日本先锋牌音响，终于变相地满足了我自童年萌发的音乐梦想。说是"变相"，再好的音响，毕竟只能是听，而不是自己演奏音乐。想想童年吹过的一角七分钱一只的笛子、两元二角一把的胡琴，然后在上初中想学小提琴的时候，由于家里生活拮据而和音乐失之交臂的伤怀情景，感觉真的是恍然如梦。

　　那是我第一次听海菲兹，他的小提琴通过新买来的音响，清新，甚至有些乍耳，连接起遥远的时代，让曾经的梦想变幻为美妙的音符，流淌下幽婉的旋律，那旋律既属于音乐，也是属于人生，让我感动，也让我怅惘。莫要说童年早已经远逝，人生也难得再有一个二十二年供我挥洒。听乐、写乐，都需要时间，音乐和人生一起走过，只是人已苍老，而音乐依然年轻，不禁想起陆放翁的诗句："旧交惟有青山在，壮志皆因老病休。"如今的旧交，于我便是音乐了。

　　写了二十二年，关于音乐文章的集子出版过好几本，依然是外行，对于音乐只是一个只懂皮毛只重感性的发烧友而已，大言不惭，信笔涂鸦，随心所欲，落花流水，竟也蔚为文章。非常感谢学林出版社，他们在十二年前就出版过我的《音乐笔记》，现在又将我这二十二年来所写过的音乐方面的文字，精选成三本文集，为我做一个小结。回过头来看看自己走过的脚印，歪歪扭扭，像似五线谱，却只是貌似而已，并不成调式。只能说是音乐给予我的馈赠，留与读者朋友一起分享。

　　为方便读者阅读，也为检点自己心迹，把文集分为"古典卷"、"现代卷"和"摇滚卷"三册。这三册书分别记叙了关于古典音乐、摇滚音乐的心得笔记，和我在音乐会现场聆听音乐之后的感想、感喟,以及针对当今音乐现实有感而发的言说,也包括了对音乐家故居旧地的走访等其他文字,希望读者喜欢,更希望读者批评。

说到读者的批评,我觉得音乐超乎文字乃至其他艺术而会让人与人心接近。我出版的几乎每一本关于音乐的书,都得到过读者的批评,指出我的浅薄和谬误,让我受益,让我进步。在写这则序言的时候,我正在美国新泽西小住。忽然想起来一位读者朋友,二十年前,他就住在新泽西,那时,他从一本已经过期的《十月》杂志上看到我写的那篇《最后的海菲兹》,从文章中知道我想买海菲兹演奏的贝多芬D大调小提琴协奏曲而在北京城遍寻未果,便从新泽西邮寄我一盘海菲兹演奏贝多芬D大调小提琴协奏曲的CD唱盘。他不知道我的地址,便直接寄到出版社,辗转到我的手中时候,我收到的是一个硕大的包裹,打开里面一层层的包装,最里面是那盘唱盘。他的精心与细致,让我想起在北大荒插队时,在卷心菜成长的时候,包裹在菜心里的红苹果。在漫天飞雪中打开卷心菜,忽然看到的红苹果时的那种惊喜,是一种久违的心情和感情。

记得在唱盘里夹有一页的短信,他写道:"不必言谢,同是天涯爱乐人,相逢何必曾相识。"二十年过去了,这句话一直记在我的心间。如今,我人在新泽西,却不知道他人在何方。六月的新泽西凉爽如秋,近在咫尺,却又远在天边,只有爱乐的心彼此相依,跨越时空,在音乐中相知相逢。怅惘之余想想,这对我真的是种福分。

因此,除了要感谢学林出版社,我还要感谢好友周贤能先生热情为本书配图,我更要格外感谢读者朋友。尽管我们天各一方,但你们寄予我的真挚的帮助、热情的鼓励,以及严厉的批评,都让我不敢忘怀。因为是你们让我感到遥远的温暖,感到音乐独具的力量。

在商业化的时代,消费主义泛滥,艺术也在日趋实惠、实际和实用(我称之为"三实主义"),或屈膝于权力,或谄媚于资本,或玩世于时尚,或附庸于风雅。但是,我始终认为,唯有真正美好的音乐难以藏奸,一切在音乐面前都会变得透明。在日复一日的惯性甚至腐败的生活之中,惟有音乐能够与这样的生活拉开距离。只有音乐最不带功利色彩,而以它最为纯正且现实中已经被物化生活冲击得越发稀薄的浪漫主义,和我们的心灵相通相融。正如《西方音乐史》的作者唐纳德·杰·格劳特和克劳德·帕利斯卡所说:音乐是"几乎完全超脱具体的物质世界"的"艺术的正规领域"。这是其他艺术领域望尘莫及的。在这样的领域里,可以拓宽并湿润一些我们已经快要萎缩成话梅核一样的心,我们可以得以稍微的放松和喘息,平衡心理和心灵与粗糙现实生活的落差。我们可以和我们以往的任何回忆相逢,和我们向往的任何情感相拥。可以说,只有音乐这样"艺术的正规领域",能够让我们漂泊无根的心灵有所依托,能够把我们涌动在心里想说又说不出的话语最微妙地表达出来。没错,圣桑说的:"音乐起于词尽之处。"

我始终认为包括文学在内的一切艺术,都应该向往音乐的境界,所有音乐都指向心灵的深处。音乐是我们这个世界上的泛宗教。我更要感谢音乐对我们人生的救赎,对我们心灵的滋润。

十年前,在我出版的《聆听与吟唱》一书中,我曾经写过这样的一段话,它表达了我对音乐这样的感情,我愿意把它再一次抄录在这里:"世事沧桑,春秋演绎,生活中发生着许多有意思和没意思的变化,唯一不变的是音乐对我始终如一的陪伴,无论什么样的情况,坐在音响前听音乐,坐在电脑前写作,便立刻荣辱皆忘,月白风清,心一下子格外清静。真的,没有比听音乐和写作更惬意更快乐的事情了。实在应感谢世界创造了它们——生活被它们所拯救,起码对我是这样。"

2012年6月25日于新泽西雨中

目 录 | CONTENTS

自序 ·· 1

我和鲍伯·迪伦 ··· 1
老艺摇批判 ··· 12
我们的上面是天空 ··· 19
作为诗人的列侬 ·· 22
朋克教父的破镜重圆 ·· 28
地上掉着一块旧丝绒 ·· 34
摇滚里的金斯堡 ·· 38
门旁凋谢的恶之花
　　——关于莫里森的笔记 ··· 42
"这这"三部曲 ··· 48
上一代的保罗·西蒙 ·· 54
关于"老鹰" ··· 60
哈利路亚 ·· 64
悲情莫里西 ··· 68
天堂兄弟 ·· 72
天堂里的一场暴风雨 ·· 76
不要在地铁里睡觉 ··· 82
"赶时髦"的二十年 ·· 87
死亡并没有结束 ·· 90

为何我唱布鲁斯	93
汤姆·韦茨之梦	98
续汤姆·韦茨之梦	102
红房子画家	105
梦幻的色彩和声音	108
来自希腊的风	112
不老的云	117
黑色也是一种颜色	121
电子寓言的标本	125
黑色传教士之歌	130
Lo-Fi 中的"西巴多"	135
我是你的一面镜子	139
你是我唯一从未讲过的故事	147
整个故事的一个开头	
——关于凯特·布什	152
因为这个夜晚	
——帕蒂·史密斯札记之一	158
镜子里面正望着我的人是谁	
——帕蒂·史密斯札记之二	162
抱小猪的阿莫斯	167
乱星的吟唱	172
距离中的弗雷泽	176
腹腔里的青春期	
——听坦娅·唐利	181
人体模型	
——听 Portishead	184
黑色的巫女	
——听迪亚曼达·格拉斯	188
巴洛克摇滚	
——听"米兰达性花园"	192
到纽约找鲍勃·迪伦	199

我和鲍伯·迪伦

1

鲍伯·迪伦(Bob Dylan)属于20世纪60年代。60年代,他20多岁,和美国一样年轻。

60年代,他抱着一把木吉他,沙哑粗糙地唱着民谣,从明尼苏达的矿区走来,并不高大茁壮的身影渐渐地在美国的背景中清晰起来。

60年代,虽然有西班牙王子胡安·卡洛斯和希腊公主结婚,以及美国人诺曼·博劳克成功地培养出比原产量高三倍的高产小麦新品种这样能够让人高兴的好消息,但60年代是整个世界动荡的年代,短暂的好消息不能如方糖一样,稀释掉密布在整个60年代的灰色云层而让它变甜。

60年代,是一个饥饿的年代:非洲的大饥荒,我国连续三年的自然灾害,估计全世界有三分之一的人口肚子空空在挨饿。当时的美国总统肯尼迪和联合国秘书长吴丹一起号召与饥饿做斗争。

60年代,是一个战争的年代:苏联进行核试验,美国恢复了地下核试验。两个超级大国军备竞赛,苏联要在古巴建立导弹基地的争执不断,核裁军的呼吁不灵,据统计:苏美两国拥有的核武器的爆炸力相当于世界人均三吨TNT的爆炸力。整个世界坐在随时可能爆炸的火山口上。

60年代,是一个运动的年代,整个世界此起彼伏按下葫芦起了瓢:不仅中国搞了"文化大革命"运动,欧洲也是学潮不断,美国出现反种族歧视的示威运动,意大利出现工人罢工运动,拉美不少国家跟随卡斯特罗搞革命运动,骚乱更是野火烧不尽春风吹又生。

60年代,是一个暗杀的年代:肯尼迪在达拉斯被暗杀,没过多久,马丁·路德·金在孟菲斯被暗杀。

60年代,是一个资本主义和社会主义意识形态矛盾冲突的年代:苏共22大召开后的非斯大林化,苏联武装占领布拉格,我们和苏联的珍宝岛战役,东西柏林之间的柏林墙的建立……

鲍伯·迪伦的歌声就是响彻在这样的60年代。

鲍伯·迪伦就像是上帝专门为60年代而创造的歌手一样,敏锐地感知着60年代的每一根神经。鲍伯·迪伦的诞生,宣布了50年代的结束,宣告了垮掉的一代和忧郁的布鲁斯、乡间民谣的50年代的结束。

60年代初,鲍伯·迪伦在进行他的巡回演出之前,特意到医院去看望他所崇拜的病危中的上一代民谣大师伍迪·格思里(Woody Guthrie),然后踏上他自己新的旅程。这是新一代和老一代的告别仪式,意味着50年代真的无可奈何也义无反顾地结束了。

面对60年代所发生的这一切,鲍伯·迪伦用他嘶哑的嗓音唱出了他对于这个世界理性批判的态度和情怀。他以那样简朴疏朗又易学易唱的旋律、意象明朗且入木三分的歌词、沙哑深沉而强烈愤恨的情绪,站在领头羊的位置上,充当着人民的代言人的角色。虽然,在60年代,他也唱过类如《来自北部乡村的女孩》那样的爱情歌曲,但他大部分唱的是那些激情洋溢的政治歌曲。听他那时的歌,总让我情不自禁地想起我们的《黄河大合唱》,他就像是站在那浩浩大合唱队前面的慷慨激昂的领唱和领颂者。

1961年,他唱出了《答案在风中飘》和《大雨将至》,那是民权和反战的战歌;

1962年,他唱出了《战争的主人》,那是针对古巴的导弹基地和核裁军的正义的发言;

1963年,他唱出了《上帝在我们这一边》,那是一首反战的圣歌;

1965年,他唱出了《像滚石一样》,那是在动荡的年代里漂泊无根、无家可归的一代人的命名……

在60年代,他还唱过一首叫做《他是我的一个朋友》的歌。我忘了他是在60年代的哪一年唱的了,只知道他是在芝加哥的街上,从一个叫做艾瓦拉·格雷的瞎子歌手学来的,他只是稍稍进行了改编,配以简单的木吉他唱了出来。那是一首原名叫做《矮子乔治》、流行于美国南方监狱里的歌(这是一首有名的歌,以前曾经被传奇的老民谣歌手"铅腹"唱过,"铅腹"的另一首《昨晚你睡在哪儿》后来曾经被"涅磐"乐队翻唱)。这首歌是为了纪念黑人乔治的,乔治仅仅因为偷了70元钱就被抓进监狱。在监狱里,他写了许多针对时弊的书信,惹恼了当局,竟被看守活活打死。鲍伯·迪伦愤怒而深情地把这首歌唱出了新的意义,他曾经一次以简单的木吉他伴奏清唱这首歌,一次用女声合唱做背景重新演绎,两次都唱得情深意长感人肺腑。在解释他为什么要这样唱这首歌时,他说:"监狱看守实际是害怕乔治的,因为乔治太真实,他们被他凝重的感情所惊吓。"

他是以深切的同情,以呼喊民主自由和平的姿态,抨击弥漫在60年代的种种强权、战争、种族歧视所造成的黑暗和腐朽。

在60年代,他是一代年轻人的精神领袖,是那个逝去的年代的难能可贵的理想主义的象征。

在60年代,鲍伯·迪伦和我们一样,就像是一个"愤青"。对于如我这样也是和鲍伯·迪伦一样在60年代度过了整个青春期的人来说,听鲍伯·迪伦的歌没有什么隔膜,而是那样的亲切,水乳交融,肌肤相近。

60年代,在饥饿的边缘上挣扎的世界的三分之一的人口中,也有我们的一份,而我们却在一边饥肠辘辘一边热血沸腾地写下这样的诗篇:"要把克里姆林宫的红星重新点亮,要把世界上三分之二受苦受难的人民解放!"

60年代,在反战的斗争中,我们也不止一次跑到天安门广场集合,伸出了愤怒的臂膀,呼喊着自己的心声,只是没有如他一样唱出"上帝在我们这一边",而是高喊着"正义在我们这一边!"

60年代,在那些如火如荼的政治年代里,我们更是无比地投入,珍宝岛战役,就发生在我们插队的北大荒的乌苏里江上,离着那样的近,近在咫尺,我们抱着随时上战场而决一死战的豪情壮志,聆听着那枪炮声的召唤。即使离着那样遥远的布拉格,我们站在北大荒的冰天雪地里也愤怒谴责苏联的坦克车开进了布拉格的街头,并且蹲在白桦林的树墩旁写下诗的急就章,没有舞台和广场,就跑到插队的村里食堂里,把吃饭的桌子椅子挪到一边腾出空地来站在那里慷慨激昂地朗诵。而在柏林墙建立的时候,我们正在挥舞铁锹,深挖洞,广积粮,大挖现在已经用来做商场和KTV包间的地下防空洞。

60年代,在"文化大革命"的运动中,我们更是和鲍伯·迪伦一样地鱼翔浅底鹰击长空,冲锋陷阵在第一线,一样的粪土当年万户侯,一样的自以为是,激进冒失,根本听不进父母的话,而把他们当成挡路堵道的"保守派"和"保皇派"。只不过,我们把鲍伯·迪伦唱的歌词都更为直白昂扬地挥洒在大字报上去激扬文字……

我们和鲍伯·迪伦是多么的相似。我们当然听得懂鲍伯·迪伦那时唱的"来吧,两院的议员,请注意这个警告,不要站在门口,不要堵住走道……外面有场战斗,打得异常激烈,马上震动你的窗,让你的墙壁嘎嘎直响。因为时代在变。来吧,父亲和母亲,全国的父亲和母亲,不要去批评你们不理解的事情,你们的儿子和女儿对你们的命令已经不听,你们的老路子越来越不灵……因为时代在变。"(《时代在变》)我们也就对美国联邦调查局把鲍伯·迪伦列入红色共产党员的名单不会奇怪。

60年代的鲍伯·迪伦和我们是同一代人,是同一类人。

60年代的鲍伯·迪伦相信音乐的力量,以为音乐可以救这个世界,就像是那时的我们以为可以解放世界上三分之二受苦受难的人民。

60年代的鲍伯·迪伦出版他的专辑时把专辑的名字命名为"时代在变",他相信时代在变,相信音乐能够使得时代改变。

我们重新再听鲍伯·迪伦60年代的歌,是在看一本发黄的黑白老相册,是在追忆似水年华,那是一代人逝去的壮丽的青春和梦想。

鲍伯·迪伦用他一如既往的暗哑的嗓音、朴素的木吉他,偶尔用他那天籁般的口琴,吟唱在我们的心中,回荡在逝去的风中。

2

90年代的鲍伯·迪伦老了。

日子真是不抗混,岁月很快就催老了一代人。

90年代的鲍伯·迪伦已经不再用木吉他而改用电吉他。其实,他早就在1965年用电吉他了,那时他遭到歌迷的反对和起哄,而现在人们早就已经习惯了他的电吉他。偶尔,他也会用"不插电",也还用口琴伴奏,但那只是偶尔而已,如同雨季里偶尔打把伞出门,让雨滴在雨伞上敲响清脆的回音,唤回一点往昔湿漉漉的回忆。

如同退潮一样,潮水从沙滩上一点点消失,徒留下了青春的空贝壳和人去楼空的叹息。90年代的鲍伯·迪伦变化非常的大,他不再充当社会和人民代言人的角色,他不再做正义和理想的化身,他开始重新审视自己,开始歌唱个人化的感情,他把曾经从伍迪·格思里学习并加以彻底改造的膨胀成氢气球一样扶摇直上云天的民谣,重新改造回到了地上,开始了一个新的轮回重新柔情荡漾起来。

他开始唱爱情,不过那爱情是回忆中的爱情:"我不能等待,穿过午夜的街,周围都是人,空气在燃烧。我试图把事情想清楚,我不能再等待。我是你的男人,我试图重温过去甜蜜的爱……我想着你和所有我们可以漫步的地方。"(《不能等待》)

他一再把那种回忆中的爱情唱得格外凄婉,他似乎是生活在梦和永远不能忘记的回忆之中:"星期天我去教堂,她正好从那里经过,我的爱需要那么久才能够消失。我在你身上找到了我的世界,但你的爱不能证明是真的,在冰冷的铁的界限里,我离城有20英里,芝加哥的冷风把我撕裂。现实总有太多的头绪,有些事情比想象的持续得更长,而有些事情你永远不可能忘记。"(《冰冷的铁环》)

他变得多愁善感起来,似乎将过去自己的叱咤风云遗忘了,偏偏总是记起感情的失落和回忆中柔软易碎的部分,对世界充满疑问和迷惑。他一下子脆弱起来。他拣了芝麻丢了西瓜。他像是走到了世界末日似的,悲天悯人地唱了起来:"我顺着河流到达大海,我曾经到过这个充满谎言的底部,有时候我身上的负担似乎比我能够承受的还要多。天还没黑,但快了。我出生在这儿,还将死在这儿。我在移动,但我站在这儿没动。我身体的每一根神经那么苍白麻木。我想不起来到这儿来是想带走什么,甚至听不到祈祷者的呢喃。天还没黑,但快了……"(《天还没黑》)

既然天还没黑,为什么要这样忧心忡忡?我不知道他为什么变成了这样,和60年代的鲍伯·迪伦截然不同。我知道他的变化并不是始于90年代,早在70年代和80年代就已经有了这样变化的萌芽,他只是在90年代长成了这样枝叶婆娑的大树,而不再愿意成为坚硬的岩石和迎风飘扬的旗。

是因为90年代战争虽然还层出不断但毕竟不像是60年代那样紧张了?

还是因为饥饿已经不再困扰地球了?或是网络时代的到来让人类的感情越发虚拟化也越发物化和个人化了?这样的背景之下,需要的迈克尔·杰克逊那样的奢靡和麦当娜那样的性感或塞琳·迪翁那样我心依旧式的信誓旦旦爱的虚幻?已经不再需要鲍伯·迪伦的正义和激情、理想和信仰了?真的是快乐的猪已经胜过了思考的芦苇了?一代有一代的青春,一代有一代的偶像,一代有一代的歌唱。

如果从鲍伯·迪伦本身来说,是因为他出了一次车祸差点要了他的命,或是离了一次婚又差点要了他命,会是这样的命运的跌宕变化让他的音乐也随之颠簸起了动荡的曲线?

我不知道,我无法弄清究竟是什么原因让90年代的鲍伯·迪伦以这样的变化面貌出现在我们的面前。

鲍伯·迪伦在接见《滚石》杂志的记者时这样说:"当没有人把我当一回事时,正是我创作丰收的时候。你年纪大起来,将会变得更倾向家庭化……"

鲍伯·迪伦儿女情长起来了。

90年代,他真的唱了一首这样儿女情长的歌,是一首非常好听的歌,唱给他的母亲的,名字叫做《百万英里》:"您带走了我真正怀念的一部分,我一直问自己像这样还能维持多久。您告诉我一个谎言,这没关系,妈妈。我正试图离您近一点,但我仍然离您有一万英里远。您带走了银您带走了金,您把我一个人留在冰冷里。我在那些无梦的睡眠里漂流,把所有的记忆抛进深渊,做了那么多根本不想做的事情。我正试图离您近一点,但我仍然离您有一万英里远。"

听这首歌,让我想起约翰·列侬那首同样唱妈妈的歌。同样对妈妈充满着一点怨恨,同样更充满着深深的爱和感人肺腑的回忆。更同样的是他们两人竟是如出一辙从社会的批判和介入的宏大叙事中回归到母亲的身旁。也许,当他们老的时候才发现母亲在这个变化多端而冷漠的世界上对于他们是多么重要,因为在这个世界上只有母亲才和他们拥有着唯一的血缘关系。

90年代的鲍伯·迪伦,像60年代崇拜伍迪·格思里一样开始崇拜海明威。他曾经这样说:"海明威不喜欢形容词,他不需要去形容定义要说的事情,只是直截了当地说出来。我现在还做不到这一点,但我想要达到这个目标。"这是一个新的目标,和60年代鲍伯·迪伦的目标显然不一样,重视的是语言的表达而不是情绪和理想的宣泄。应该说,这个目标在《百万英里》这首歌里达到了。鲍伯·迪伦激流勇退了,从白浪滔天的大海回旋到了环绕母亲的清澈的小溪。

其实,我们进入90年代后,和鲍伯·迪伦一样在变化着,只是我们自己不知不觉。岁月的轨迹刻在我们身上,不会像是树木那样留下年轮一样的清晰。残酷的政治运动已经没有了,再提起来下一代人会感到陌生,如今已经被体育运动所取代,疯狂的球迷已经替代了当年对政治运动的迷恋,手机短信和"伊妹儿"更是替代了当年的日记、情书里的悄悄话和大字报墨汁淋漓的揭发。饥饿是少数人的专利,高蛋白高脂肪高胆固醇和高三油甘脂已经让减肥成了世界性流行趋势。为了一个信仰一个理想而献身,成了愚蠢和傻帽儿的代名词,惟利是图已经不再羞怯,假冒伪劣已经畅行无阻,笑贫不笑娼已经深入人心,就是连内裤和安全套都要浮华地讲究名牌,绝对不再相信经过了岁月的磨洗蚌壳里会含有珍珠,而是早就心急气燥地打开蚌壳,就着掺了雪碧的红酒吃里面的蚌肉了。实用主义和犬儒主义发霉的青苔爬满我们的周围而我们自己以为是环绕的绿围巾,就实在是见多不怪了。

和60年代曾经青春年少意气风发的我们自己相比,我们已经变得面目皆非。我们怎么可以要求同我们一起进入90年代的鲍伯·迪伦没有变化呢?鲍伯·迪伦是我们的一面镜子,照见了他,同时也就照见了我们自己。我们不是和他一样吗,忽然到这个时候渴望真情起来了,因为这个世界上真情已经如恐龙一样越来越稀少,而欺骗如同鲜花盛开遍布世界,让我们呼吸着它的毒气而以为是享受着芬芳,所以那一份遥远的真情才被我们自己珍惜起来。我们忽然梦想退缩在自己的驱壳里和母亲的怀抱里,自欺欺人以求抵挡被我们自己的手变坏和破坏了的世界。

我们和鲍伯·迪伦一样,可以改用电吉他,用电子和多媒体来和这个世界抗衡,却再也无法重新拾起那把木吉他了。木吉他上和我们曾经读过的红宝书一起已经是落满了厚重的灰尘。

我们和鲍伯·迪伦一样,不再像滚石一样了,不再重返61号公路了,我们只是站在午夜的街上,看霓虹灯不停闪烁,看人群熙熙攘攘却过尽千帆皆不是,迷茫一片找不到自己的一个亲人。

鲍伯·迪伦1997年出版了他的新的专辑,取名叫做《时光不在心中》(Time out of mind)这让我想起了他在1963年出版的那张名字叫做《时代在变》(The times they are changing)的专辑。同样是 time 一个词,他已经把它赋予不同的含义,60 年代的鲍伯·迪伦把它称为"时代",90 年代的鲍伯·迪伦把它叫做"时光"了。

90 年代的鲍伯·迪伦说:"我从来没有写过一首政治歌曲,音乐救不了世界。"

90 年代的世界,柏林墙倒下了。

3

如今每次听鲍伯·迪伦,常常不时地让我想起十多年前的一件往事。那时我在德国住了将近一个月,一天闲来无事,一家中国餐馆的老板开车带我到郊外一家非常大的超市,那里的东西很便宜。超市里正卖处理的各种 CD 唱盘,只要几个马克一张,真是便宜得几乎等于白给,因为在唱片店里,一张 CD 最少也卖上百马克。我忍不住便宜的诱惑,随手买了几张。那时我还没有现在的音响,但我正想买一个,而且我想在德国呆的这一个月里省下的钱大概可以买一个不错的音响了。因此,虽然那时我对音乐特别是摇滚乐一无所知,那些英文和德文也不大认识,但就像是挑水果看模样俊俏一样只管看着封套印得好看就买下了,像是还没有房子,就先忙着结婚了,有点超前。

没有想到,那里面竟有一张是鲍伯·迪伦的《鲍伯·迪伦的档案》(《Documents of Bob Dylan》)。一共有七首歌,其中第一首就是《大雨将至》(A hard rain's gonna fall)。

绿色的底色中,年轻的鲍伯·迪伦抱着木吉他对着麦克风在唱歌。它跟随我十多年,常常在听,却是在几年前才知道他就是鲍伯·迪伦。

也许,我和鲍伯·迪伦有点缘分。

不知道是鲍伯·迪伦的时候,听这张唱盘,尤其是听《大雨将至》,也许是望文生意,总让我想起下雨的日子,你淋着雨,他走了过来,不是为了递给你一把遮雨的伞,而是和你一起淋在雨中,弹着吉他,喃喃自语,和你一样淋湿的头发和衣服,雨水打湿了他的吉他和他的歌,他就那么陪伴你唱着。

知道了就是鲍伯·迪伦以后,依然是这种感觉。总觉得鲍伯·迪伦不居高临下,而是很亲切,很平易近人,就像是蹲在地铁出站口拉着二胡的老人,或像是站在过街天桥上旁若无人唱着歌的盲人,有点衣衫褴褛的样子,有点世事沧

总觉得鲍伯·迪伦不居高临下,而是很亲切,很平易近人,就像是蹲在地铁出站口拉着二胡的老人,或像是站在过街天桥上旁若无人唱着歌的盲人,有点衣衫褴褛的样子,有点世事沧桑的意思,有点看破春秋演绎的眼神。

桑的意思,有点看破春秋演绎的眼神。也许,这种感觉有些奇怪,和鲍伯·迪伦本人完全不搭界。但那种感觉是那样的真实,那样的和鲍伯·迪伦合二为一。

有时,想起他出现在格莱美、金球奖和奥斯卡奖颁奖晚会上的样子,当听到他的名字,所有到场的观众欢腾的情景,让我感到有些奇怪,因为并不是所有的摇滚歌手能够赢得如此值得骄傲的荣誉,他得到了。难道他不应该得到吗?约翰·列侬去世了,世界上只剩下他一人从20世纪60年代唱到20世纪之末又接着唱到新世纪的到来。(2001年,他出版了新专辑《爱与偷》,可惜,我没有听到。)他和摇滚一起跨越了一个世纪。在万众欢腾瞩目中,整整60岁的鲍伯·迪伦站起身来走向舞台的时候,镜头上他的脸如核桃皮一样坚硬而皱纹纵横,但我相信里面的仁儿肯定是软的,是香的。

有的歌手只是和你萍水相逢,他的歌只是一杯酒,喝掉了也就喝掉了,消失在助兴的气氛里和你脸上暂时涌起的酡颜上。有的歌手是你走到哪儿,他都会跟你到哪儿的,他是你一生的朋友,从青春陪伴你到苍老。他的歌声就是你随时迸发的感情,说着你想说的话,走着你正在走的路。

鲍伯·迪伦就是这样的歌手。

老艺摇批判

我一直以为20世纪70年代是摇滚最辉煌的时期。如果说50年代和60年代因有埃尔维斯·普莱斯利和"披头士"的出现使得摇滚成为刚刚萌发的童年，70年代便是它紧跟"披头士"后面的大队人马纷至沓来而涌现出的蓬勃发展的青春期，一夜恨不得高千尺地飞速长大。摇滚传入我国已经是80年代的事情，我们错过了那个辉煌的时期，我们也缺少摇滚生长的文化背景，因为我们在60年代和70年代投身所谓的文化大革命企图颠覆一个旧世界的时候，遍地唱响唱红的是不古不洋的样板戏，和摇滚所呼喊的颠覆性的革命以及同样遍地唱响唱红的"披头士"，无论是皮是瓤实在都是南辕而北辙，音乐真是一段历史有声音的注脚。如今，我们只能找到那时的唱盘或磁带来听来想象70年代的样子了。由于事过境迁很可能只能是雾里看花，却也可能是因距离和想象产生异样的感觉或错觉。

70年代，是摇滚各种流派纷呈的时代，城头频换大王旗，多得如过江之鲫的各种摇滚乐队不甘落后地纷纷亮出自己标新立异甚至是光怪陆离的招牌，现在看来也许很滑稽，比如"董事长"乐队、"乱蹦乱跳"乐队、"四月葡萄酒"乐队、"五层楼梯"乐队、"看玻璃"乐队、"蓝牡蛎崇拜"乐队……五花八门，此起彼伏，不一而足。我猜想那情景一定该如我们文化大革命中成立的多如牛毛的战斗队一样热闹，我们的"大喊大叫"战斗队、"红八月"战斗队、"忠于红太阳"战斗队与"乱蹦乱跳"、"四月葡萄酒"、"蓝牡蛎崇拜"有着异曲同工之妙，简直像是对仗的上下联。最近读了加拿大人菲尔·德里奥和斯考特·伍兹写的一本专门谈

70年代欧美摇滚的书《激情岁月》,里面光是涉及的乐队和歌手的名字就不下上千个,像螃蟹的脚牵着脚一样,拉出一长串,能够又带出另一长串,真是乱花渐欲迷人眼。

艺术摇滚(art rock)就是其中最具有代表性的一种流派。在70年代尤其是70年代中期,艺术摇滚在整个欧洲的流行超出我们的想象,据说,那时所有的电台主要播放的都是艺术摇滚,多得像是我们文化大革命中所有的电台里到处响叫的样板戏。当然,它们的本质是不一样的,但从某种程度上它们对世界的颠覆和同构的作用是一样的,它们都如同一把巨大无比的刷子,一夜之间就能够把所有的墙和所有人的脸都刷成一种颜色。

如今,听艺术摇滚的被认为是老土了,艺术摇滚如出土文物一样被称之为"老艺摇",早已经是隔夜的凉菜了,昔日的辉煌斑驳脱落,有点儿人老珠黄的感觉。在前面我提到的那本《激情岁月》里,两个加拿大人专门拿出一章的篇幅谈艺术摇滚,对它的历史赞赏有加,但也不无伤感地说:"在超过二十年的时间里,艺术摇滚经受了评论界的奚落和公众的嘲笑而撑过来了。"

不过,我是爱听老艺摇的,心里便总是为它如此的遭遇愤愤不平。怎么有点像是对待退位的老干部的味道呢?昔日的辉煌毕竟留下了勋章和伤疤,怎么人一走茶就凉了呢?我不大懂摇滚其中的深奥秘密,只是浅显而直觉地觉得它挺好听的,从"平克·弗洛伊德"(Pink Floyd)到"是"(Yes)到"橙色梦幻"(Tangerine Dream),哪个不好听呢?它们确实好听,即使二十多年过去了,它们依然好听,依然像是新摘下的草莓一样明亮清新,时间没有在它们的身上落下一点灰尘。

难道不是吗?老艺摇在70年代初期诞生和70年代中期鼎盛的时候,难道不是如新鲜的草莓一样明亮清新而被不少人摘下来口味不错地吃过吗?难道不也是充满着革命的朝气,不满足于摇滚歌坛上充斥着的对"披头士"的简单模仿、小调式单薄的吟唱和吉他架子鼓贝斯老三样单调的伴奏吗?没错,那时艺术摇滚是曾被称为激进摇滚(progressive rock),它的革命性和先锋性是不容置疑的。有时候,历史很容易被淡忘,见异思迁的人们最容易忘恩负义。

现在,回过头再来看看艺术摇滚生机勃勃的发端,会发现它是以保守的姿态以守为攻,大踏步的后退是为了大举向现实进攻。在我看来,它对于摇滚的贡献起码有这两点:一是它运用了合成器,将摇滚音乐原来只是木吉他等原声乐器发展到了电子乐器的一种新天地,扩大、丰富了摇滚乐声源。这本身就具有实验的先锋性的意义,一下子将这种1968年才开始不久尚未被更多人认识的电子键盘乐器的能量发挥得淋漓尽致。合成器可以任人摆布,上天入地,呼风唤雨,模拟一切,无所不能,合成器是成全它的主要武器,合成器是它心目中了不起的英雄。(后来"橙色梦幻"出版自己的《半人马座阿尔法星》专辑时特意在封底上标明"录制此张大碟时没有使用任何原声乐器",就如同今天在食品的包装上印着"不添加任何添加剂"似的,以此突出其合成器英雄纯洁和重要的位置。)因此,它增加了摇滚新的音乐织体,使得摇滚有了多种发展的可能性。

二是它有意识地移植了古典音乐的元素,打破了流行与古典壁垒森严的隔膜,使得摇滚更具有开放性和包容性,不仅可以从爵士、民谣吸收营养,也可以将古典为我所用。它使得摇滚进入了一个新的可塑领域,如同逐渐吸收了来自不同方向不同水质的水珠而将自己成为一块丰富而湿润的海绵。那一段时间里,不少艺术摇滚乐队喜欢制作概念专辑,讲究叙述完整的史诗性的故事,无形中加重了摇滚的分量和容量。很像是如今我们文坛上作家愿意把短篇小说制作成长篇小说,我们可以说这长篇小说是人为拉长的并不怎么样,但毕竟扩大了它的疆域,改变了它原来的窄小零碎的格局。

都说艺术摇滚的开端是"披头士"1967年的《佩帕军士孤寂之心俱乐部》和"弗克兰·扎帕和发明之母"乐队(Frank Zappa & The mother of invetion)1966年的《药瘾症状》。我想之所以这样说,大概是说这两张唱片是摇滚史上最早的概念专辑,同时也是说艺术摇滚最早产生的那种英国迷幻音乐的背景的重要性。但我更想说的是这两张专辑出版的时候,Sun Myung Moog发明的合成器还没有出现,是合成器把艺术摇滚集合在其麾下而渐渐地壮大起来的。合成器的出现,对于艺术摇滚的出现起了卤水点豆腐一样重要的作用。没有合成器,便不会将那种迷幻发挥得魔鬼般的如醉如仙,更不会出现艺术摇滚以后的模拟世界乃至交响效果。因此,我更愿意说是"平克·弗洛伊德"乐队首先完美地创造了艺术摇滚这一崭新的形式,他们在1973年出版的《干涉》和《月球的阴暗面》,那里面模拟冬冬的心跳、收款机收款的声音、直升机起飞的轰鸣、鬣狗刺耳的叫声……还有乐队全体人员站在大峡谷中呼唤的回声……气势磅礴,听了让人身临其境,别有一番感触,是"披头士"和"弗克兰·扎帕和发明之母"所没有的。

不过,说起摇滚音乐,英国的确是一个了不起的地方,其他任何地方都无法与之相比。"披头士"与"弗克兰·扎帕和发明之母",对于艺术摇滚是起了启蒙作用的。此外,只要看看那个时候,不要说其他风格的摇滚,仅仅是艺术摇滚,在英国就涌现出多少支乐队,多如星斗,而且一颗比一颗光芒灿烂。就如同在英国出现那样多的诗人拜伦、济慈、雪莱、彭斯、叶芝、休斯、布莱克和华兹华斯一样,星光璀璨直晃我们的眼睛。英国确实是一个布满艺术富有而多产土地的地方,不出现那么多的艺术摇滚倒是奇怪的事情了,看看那些诸如"软机器"(Soft Machine)、"杰索娄·图尔"(Jethro Tull)、"精妙"(The Nice)、"忧郁的布鲁斯"(The moody blues)、"Yes"、"E·L·P"乐队,或者艺术生命如"平克·弗洛伊德"一样久长的"创世纪"(Genesis)乐队,真是数不胜数,在英伦三岛上此起彼伏地荡漾着回响着。居然有那样多的乐队崇尚艺术摇滚,难道不说明在那个时候艺术摇滚确实正经风光一时吗?

对于我来说,简单得很,它确实好听。当然,好听不是衡量音乐尤其是摇滚音乐的唯一标准,吸引我兴趣的更是它对于古典和流行的态度,那么多的乐队千方百计想将古典和流行捏合在一起,用他们的努力证明古典和摇滚并不是水火不容的天生敌人,为什么它们两者就不能有远距离交配的迷离的鱼水之欢?为什么它们两者就不能交叉火力一样迸发出更猛烈的纷飞火花?我特别赞赏他们不惜走向极端,不仅借鉴了古典交响的元素,甚至把古典音乐的活化石——交响乐团请过来,和他们一起重新演绎古典和摇滚,让来自不同方向和水域的水流淌到一起来,碰撞出飞珠跳玉一般的水花。不要说"克里姆森国王"(King Crimson)乐队那种对古典主义绝对的服从,或者说被称之为老艺摇里最出色的"电光管弦乐团"(ELO)所推崇的那种密不透风的交响乐的织体,还有的乐队甚至大段大段演奏纯钢琴独奏,把吉他冷落在一旁。他们对于古典和流行融合的这些执著乃至偏颇的实验和实践,让我们叹服他们的勇气。

仅仅从最早的"忧郁的布鲁斯"乐队来看起,他们与伦敦节日交响乐团合作演奏《未来时光已逝》,到后来的"YES"乐队在其经纪人布莱恩·莱恩的大力推动下走得更远,采用了巴洛克时代唱诗班的复古式演唱(他们都是受过英国皇家音乐学院正统古典训练的),还不解气,索性直接拿来勃拉姆斯的第四交响乐中的一段痛快淋漓地演奏一番,让古典和流行联欢;而"精妙"乐队则热衷于另一位古典音乐大师德沃夏克,在他们的《德沃夏克的理念》专辑里,不失时机地加上了一段巴赫的《勃兰登堡协奏曲》,让巴赫和德沃夏克一起搅合搅合;到了"E·L·P"和"橙色梦幻"("橙色梦幻"是德国乐队)那里,他们不约而同都对穆索尔斯基的《展览会上的图画》感上了兴趣(奇怪得很,许多摇滚乐队都对穆索尔斯基感兴趣,他们感兴趣的古典音乐家还有拉赫玛尼诺夫和科普兰,也许,他们不安分的音乐里和摇滚暗暗合拍,也说明古典音乐和摇滚不是非得有一条不可逾越的冥河)。"橙色梦幻"在他们专辑里第一支曲子就用电子乐将《展览会上的图画》的序曲兴致勃勃自娱自乐地作为自己的开场白;"E·L·P"则干脆把《展览会上的图画》用摇滚的方式从头到尾不厌其烦完整地演奏了一遍,不知是让穆索尔斯基兴奋呢还是不解还是气愤?用现在北京音乐电台上的一个栏目的名称,叫做"让古典也流行"吧。

也许,任何的事物发展都有一个度,老艺摇有点儿像是车子飞奔在下坡的山道上,越开越快,越是刹不住闸,甚至踩坏了车闸,又没有装安全气囊,危险的到来是可想而知的了。他们如此大踏步地倒退,从古典直接寻求援兵救赎的姿态,可能早就让一批年轻人不满,以为那不过是戴上了假头套峨冠博带自以为是,又拉灭了现代的电灯和霓虹灯故意点上了尘埋网封的烛台去蒙事,这是摇滚该干的事情吗?他们在悄悄地酝酿着颠覆,这是肯定的了。艺术摇滚大概在这时候就已经开始老了而自己浑然不知。

美国著名的乐评人莱斯特·邦说:"摇滚乐是终极的民粹主义的艺术形式,是落在实处的民主。摇滚乐又可以说并非是一种艺术形式,而是从灵魂最深处发出的朴素的呼喊。"而这一切,确实是老艺摇背离的。当然,得有人站出来不耐烦地发出朴素的呼喊了,冲着他们呼喊着赶他们下台。

第一个向老艺摇发出这样呼喊的是"性手枪"乐队(The sex pistols)。这便是摇滚史上新的篇章揭开了,朋克时代到来了,取代了老艺摇时代。老艺摇您再有怎样辉煌的历史资历和权势乃至好不容易垒建起的曾被多少人朝拜过的骄傲的码头,也不行了,再怎样不心甘情愿,您也得打辞呈报告,要乖乖地下台了。

1977年,"性手枪"登上了舞台,用当年艺术摇滚初次登台时同样的原始爆发力呼喊着,在他们的背心上赫然地醒目地写着:"我恨平克·弗洛伊德!"

他们的这一举动,让我想起在上一时代的60年代,"披头士"登上舞台疯狂演出的时候,有人打出的横幅醒目地写着:"猫王已死,披头士万岁!"历史真是有着惊人的相似,以一代人无情的死去一代人无可奈何的老去和一代人的蓬勃新生,呼喊着如狂风掠过,突然而残酷地掀开了新的一页。

　　1977年,"猫王"埃尔维斯·普莱斯利真的死去的时候,"性手枪"的主唱约翰尼·罗顿(Johnny Rotten)说:"好了,终于摆脱那个臭垃圾了!"这位专门受过古典音乐训练的长笛手,不仅把"猫王"当成臭垃圾,更是把"平克·弗洛伊德"和所有老艺摇也当成臭垃圾,他和他的同伴鄙夷并抛弃了自己曾经学过的娴熟的古典音乐,而是用朋克最不讲究技巧的简单的三和弦取代了当年艺术摇滚强调的演奏技巧和合成器效果;他们用最粗鲁甚至淫秽的歌词代替了艺术摇滚当年从巴赫亨德尔从艾略特布莱克借来的高雅与古典,他们以更加极端的方式认为艺术摇滚是在用所谓高雅古典掩盖并回避着当时社会的萧瑟和糜烂,不过是隔江犹唱后庭花。而他们自己哪怕是赤身裸体从污腥的烂泥塘里走出来,也不愿意故作姿态从洒满香水的铺着绣花缎被的席梦思软床上披着睡衣袅袅婷婷地跳下来。

　　如果从理论上来讲,我当然理解老艺摇寿终正寝而朋克兴起的历史原因。但我的心里还是喜欢老艺摇的。也许,我真的老了,像老艺摇一样的老了。我当然知道摇滚天生是保守的敌人,摇滚从本质上也不为了怀旧,它更注重对现在进行时态的现实的批判和介入,"性手枪"出现的朋克运动,是对老艺摇的批判的前进和革命的必要和充满活力的象征。不过,我怎么也难以从心里服气,对朋克我总是有些介意,比较老艺摇来说朋克音乐也实在太简单太粗糙了吧?在那个朋克兴起的时代当时就有人说:"你只要选好一个和弦,拨弦,就搞出音乐来了。"不是我理解错了,就是他说错了,这样的感觉怎么都让人觉得有点像是我们的小靳庄的诗歌,只要弄出个四六句再会压韵,是个人就可以成为诗人了一样,是个乐队就可以搞成朋克了。要不就是他对朋克的意义缺乏足够的理解,要不就是我对老艺摇依恋过重。对于我来说,我顽固地认为,为了脱离在50年代和60年代摇滚那个十几岁的少年时期而走得更远,艺术摇滚大踏步地后退,以电子音乐和古典主义焊接成一把双刃剑而挥舞得矫枉过正,不管怎么说都是有创造力的表现。是他们将那些仅仅是街头杂耍和酒吧里简单吟唱的摇滚变得丰富而开阔起来,可以说,正是有了他们这样一段青春期的成长,摇滚渐渐地成熟了起来。

　　我也知道70年代是一个摇滚蓬勃发展的辉煌年代,也是一个鱼龙混杂的年代，不少追寻古典的乐队不过是为了附庸风雅，所以才繁花容易纷纷落。以后重金属乐队中的"蝎子"（Scorpions）与柏林爱乐乐队合作、"金属"（Metallica）与伦敦交响乐团合作，更是一种商业行为，就像前几年将普契尼的《图兰多》放在太庙里演出一样，图个新奇和热闹。在任何艺术之中，都不乏机会主义者。但不管怎么说，老艺摇当年把古典和摇滚结合起来，还是有勇气的，是富于创造力的。他们借古典的天河之水大江东去浪淘尽千古风流人物的气势，使摇滚那一段水域开阔也回环起来。

无论怎么说，我还是爱听"平克·弗洛伊德"，甚过听"性手枪"。

即使将近三十年的时间过去到了新的世纪，"平克·弗洛伊德"活力不减当年还在不断出唱片。他们的专辑《墙》不仅成为了70年代结束的象征，也随着他们的柏林墙慈善演唱会成为了20世纪的象征。进入新的世纪，2001年，他们还出了两张《世纪回响》的专辑。

"平克·弗洛伊德"是不朽的。老艺摇也是不朽的。

我们的上面是天空

近日在报上看到一则新闻,为纪念约翰·列侬(John Lennon),英国利物浦机场已改名为约翰·列侬机场。这实在是一则有意思的新闻,因为在世界上有用领袖、伟人、英雄或作家、诗人的名字来命名的地方,真还没有听说过有哪一个地方会是用一个摇滚歌手的名字来命名的。想想这原因很简单,在人们传统和正统的思想里,对摇滚充满着误解,是将摇滚和高雅的艺术相对立的,摇滚只是属于年轻人的玩闹之类,起码也是不入流的,怎么会将一个不是神圣也是庄重的地名以一个摇滚歌手的名字来代替呢?这不是有伤大雅有损斯文吗?不就像穿着露脐装松糕鞋染着彩发涂着变色口红而登上主席台一样让人无法容忍吗?新近上演的那部描写摇滚乐手生活的美国电影《几近成名》中,那位母亲不是对热爱摇滚音乐替《滚石》杂志作采访的孩子说"你喜欢的摇滚是性和吸毒的摇滚"吗?

利物浦机场却是世界上第一个用摇滚歌手的名字来命名的地方。

利物浦机场从那一刻起似乎成了摇滚的机场。

利物浦似乎忘记了约翰·列侬不过就是一个出生在这座城市里的普通孩子,一个失去了父亲又接着失去了母亲的无助孤儿。它也似乎那样健忘,忘记了约翰·列侬和几个伙伴(那不过就是四十年前,约翰·列侬还是个不到二十岁的年轻小伙子)组织起了"披头士"乐队时,这座城市对他们的冷漠,他们没有地方演出,只好在码头附近的低级小酒馆去卖唱,他们是几经艰难最后离开利物浦到了德国的汉堡获得成功才"出口转内销"的。它也忘记了披头士红火的年代英国女王授予他们帝国勋章时,那些达官贵人对从约翰·列侬到整个摇滚的不屑一顾和表现出来的高贵愤怒,甚至将自己的勋章退回以示轻蔑。它同时那样宽宏大量地原谅了约翰·列侬的疯狂、荒诞、吸毒,乃至对利物浦的忘恩负义,因为约翰·列侬后来离开家乡,定居美国纽约……可是,在约翰·列侬去世二十年之后,它忽然想起了他。

二十年,让一座城市幡然醒悟,懂得了分辨与珍爱,明白了即使有豪华包装,垃圾毕竟只是垃圾,而金子终归是金子。这样想来,二十年,也并不算晚。在这个世界上,有多少城市多少地方,还是那样骄傲地以过了气的明星人物狐假虎威地装饰着,峨冠博带下面早已是尘垢和腐烂。

利物浦应该以有约翰·列侬而骄傲。虽然它拥有着声明赫赫的皇家利物浦足球队和皇家利物浦交响乐团,拥有着英国最大的教堂、维多利亚时代格拉德斯通首相的故居和藏有拉斐尔与罗丹作品的博物馆……但是,它以前把离自己身边最近的约翰·列侬忘记了。现在,它蓦然回首,才发现灯火阑珊处的约翰·列侬原来就是从利物浦出发的,才发现约翰·列侬对于利物浦和整个世界的价值和意义。

这个世界真是变了。对摇滚不再如临大敌般地视若洪水猛兽,也不仅仅是居高临下的宽容,或多元化的平等对视和对话,而是忽然认识到了在这半个世纪里摇滚对于艺术和人们的思想思维乃至整个价值观念和系统的颠覆和再造。自从1993年美国发行了纪念"猫王"普莱斯利的邮票,这大概是世界上第二次表示它对摇滚的隆重态度了,摇滚也摇摇晃晃地跨过了一个世纪。利物浦将机场更名之事,让我想起去年在约翰·列侬逝世28周年的日子里,古巴哈瓦那的广场上新建立起了一尊约翰·列侬的塑像,卡斯特罗总统亲自去为之揭幕并举办了纪念仪式。要知道以前约翰·列侬在古巴是被视为资本主义毒素而遭禁止的。

这个世界的变化还不快吗?

谁能够想到呢? 约翰·列侬能够想到吗?

在这个世界上,约翰·列侬和"披头士"的作用真是不可低估。难道不是这样吗?仅仅前一个十年里,他的唱片就发行了5 000万张,去年为纪念他逝世20周年的那张红色封套专辑《1》,在世界28个国家发行,排名全球第一。这样的数字就是在世界的摇滚歌坛也是绝无仅有的奇迹,这说明他确实拥有全世界那么多的听众而不可低估不容忽视不能视而不见。是约翰·列侬和"披头士"的出现,不仅让音乐出现了另一种可能的形式,对越来越荒谬的世界发出越来越响亮的发泄、反抗和诘问,同时重新组装了人们的大脑。用约翰·列侬自己的话说是:"披头士比耶稣还要深入人心。"约翰·列侬几乎神话般地成了摇滚歌神似的神明人物。不说这些,仅仅看约翰·列侬对尼日利亚大饥荒的关注,反对无休止的越战给人民带来的灾难,为社会的贫穷群体和为维护和平的募捐……难道还不值得人们对他的尊敬吗?

如果我们明白了这些,我们也就明白了,在如今失去了激情、想象、梦想和理想信仰而沉浸在享乐主义犬儒主义的年代,没有勇气面对现实去抗争,而只会在灯红酒绿中狂欢,精神衰落了,音乐当然也沦为后庭花般的靡靡之音。重新怀念起他的歌声,是因为他的歌声中拥有着现在缺乏的发自内心真诚的紧张感与压迫感,对梦想寻找的发泄和诉求,对世界不公的反抗和对生命理想的追问。我们便也就真的原谅了他的种种缺点,伟人还要三七开呢,何况他只是一个歌手。我们便也就明白了,为什么在去年他逝世二十周年的日子里,纽约的中央公园里花环如海,25万封电报从世界各地飞来,上万名他的歌迷自发地来到公园里,捧着鲜花,点燃蜡烛,唱着他的歌,为他彻夜守灵。

更名后的约翰·列侬机场,新的标志图也改成了约翰·列侬的卡通像,上面写着:"我们的上面是天空"。想出这句话的人实在是聪明,它一语双关,既是机场最形象的说明,也表达着对约翰·列侬的感怀。因为这是他1971年创作并演唱的《想象》里的一句歌词。

在这首歌里,他曾经这样激情洋溢地唱道:"想象这里没有天堂,这很简单,如果你想试试的话。我们的下面也没有地狱,我们的上面是天空。想象所有的人民,只为今天的和平生活,想象没有国家,想象没有杀戮,想象没有牺牲,想象没有宗教,这一切并不难做到。想象没有占有没有贪婪没有饥饿四海之内皆兄弟……你可以说我是做梦的人,但我不是唯一的一个,我希望有一天你能加入进来,那么世界就能变成一个。"

利物浦机场有理由名为约翰·列侬机场。利物浦因有约翰·列侬而为人所知,而光彩夺目,而成为匍匐在地的梦想得以飞翔的一个象征。

走在这个机场里,我们谁都可以抬起头来望一望头顶,是啊,我们的上面是天空!

作为诗人的列侬

正如诗人梦想成为歌手,哪怕是著名的诗人,也只是梦想而已。比如金斯伯格,正经练过一段摇滚并组织乐队公开演唱过,但到底还是没有成为一名歌手。一般的歌手要想成为一名诗人,可以说更是痴人做梦。毕竟这是两个不同的行当,因为在我看来如果说歌是地上跑的白羊的话,那么诗是天上飘的白云,能够将歌升为诗,需要的不仅是才华,还要靠神助才能长上飞翔的翅膀。

但是,约翰·列侬却是摇滚歌手中百里挑一的难得的诗人。所以,我在听列侬唱歌的时候,总觉得是听一位诗人在吟唱。这和听别的歌手唱歌绝对不一样。

我爱听列侬的歌,不仅在于他在摇滚史上绝无仅有的地位,也不仅仅在于他那尖锐而撕心裂肺般的嗓音。我喜欢他那种对于世界的关注,不是那种社论式的大气磅礴,而是他独特的诗人式的关注,完全跳出一般流行歌手的范畴。我们的一般流行歌手有时也唱些这样宏观的歌曲,只是把它们当做公益歌曲或晚会歌曲来唱唱罢了,那种别人替他们编好的词和曲调总是那样千人一面般地相似,连他们自己都不大相信。你看得出他们的嘴巴甚至事先设计好的肢体在动,却看不出他们的心在动。列侬不是这样的,他总是能及时而准确地把握住时代的脉搏,唱出他自己的那一份的感情,来对这个世界做出他自己的发言。

我很难忘记第一次听列侬唱《圣诞快乐》的情景,不是圣诞,是初春的季节,回黄转绿,风在柔柔地吹,仿佛在为他的歌伴奏,是那种恰如其分的伴奏,歌声和天气一样的让我感动。同样的圣诞歌曲,列侬没有唱教堂的钟声和雪地上铃儿响叮当。那一年,是越战终于结束的时刻,他唱道:"现在是圣诞了,你在今年做了一些什么?又一年过去了,新的一年要来临了。现在的圣诞,我希望你能找到快乐。我身边的亲爱的人,无论是老人还是年轻人,这是一个非常快乐的圣诞,我希望再没有任何恐惧,因为战争已经结束了……"真的,我真是非常的感动,这是一个歌手更是一个诗人的歌。听着这样的歌,我想起了那张著名的照片:二战结束了,刚刚听到消息的美国水兵情不自禁地在街头与一个女郎拥吻。我相信列侬与那个美国兵和那个女郎的心情是一样的,只是他的歌中充满激动之后更深的感情期待,才在那一年的圣诞夜唱得这样平易却深切动人。

列侬还有一首非常有名的政治歌曲叫做《想象》(这也是他一盘磁带专辑的名字),同样是他对世界的发言,但那绝对是诗人的发言,虽然有些浪漫和乌托邦,但他对世界和平统一的向往,让你无法不感动,感动他的真诚的同时,感慨我们有些歌手的浅薄和贫乏。你会感到列侬一步就迈过了那种浅薄却装点得豪华如同游泳场里的蘑菇池而走向那样宽阔的水域,立刻有一种潮平两岸阔,风正一帆悬的感觉。那一连串的排比是他对你我这样普通百姓的直抒胸臆:"想象这里没有天堂,这很简单,如果你想试试的话。我们的下面也没有地狱,我们的上面只有天空。想象所有的人民,只为今天的和平生活,想象没有国家,想象没有杀戮,想象没有牺牲,想象没有宗教,这一切并不难做到。想象没有占有没有贪婪没有饥饿四海之内皆兄弟……你可以说我是做梦的人,但我不是唯一的一个,我希望有一天你能加入进来,那么世界就能变成一个。"

他的另一首《工人阶级英雄》,同样对普通百姓做着他这顽固的关于世界梦想的真诚提示和蛊惑:"在你死时,你应该知道什么是微笑。你不应该成为墙上的照片,如果你想成为英雄,那么你跟着我。"这首歌让列侬唱得极其委婉,倾诉感很强,听起来非常像俄罗斯的民歌,尤其能让我们接受,仿佛列侬在向我们掏心窝子,一下子和我们很近,活要活出个人样来,别只做墙上的照片,即使戴着大红花再怎样风光,毕竟只是墙上的照片。

很多的时候,做为歌手的列侬愿意成为诗人,愿意成为人民的代言人,广播喇叭一样,大声发言,用我们现在的话说是主旋律。对于这个时代对于这个世界,他不回避主旋律;站在摇滚歌坛上,列侬愿意是一个大写的我。可以说,在这一点上,整个世界摇滚歌坛上,无人可以与他比肩。

如果仅仅这样,列侬只是马雅柯夫斯基式的诗人。可贵的是列侬在很多时候毫不隐晦地将自己个人的生活融入进他的歌里。他不仅有能力把握宏观叙事,而且得心应手地用歌声抒发自己的微观生活。这使得他伸手可摘天上星辰、俯首可触海底珊瑚,成了阴阳两界的人物,处处都能让他点化为诗行。他由此也和那些一般流行歌手拉开了无法逾越的距离。

列侬唱自己的生活,同"猫王"普莱斯利又不同,并非只是唱自己的爱情。可以说,在摇滚史上是列侬第一次将个人生活中的亲情和友情那样真挚动人又别致亲切地融化在他的歌词和旋律里。无疑,最有名的是那首《妈妈》。那确实是一首无比动听的歌,前奏中钟声的频频响起,他歌声中每一句尾音如丝似缕的颤抖,让人心碎。在破碎的家庭中,列侬从小是姨妈抚养长大,18岁时妈妈在车祸中丧生,他对母亲的感情是非常复杂的,他对亲情的体味才会比我们一般人深刻。在这首歌中,他将这种复杂而一往情深的感情唱得肝胆俱裂:

> 妈妈,你从来拥有我,
> 我却从来没有拥有你。
> 我需要你,你却不需要我,
> 所以我只能和你说再见。
> 爸爸,你离开了我,
> 我却从来没有离开过你。
> 我需要你,你却不需要我,
> 所以我只能和你说再见。
> 孩子们,
> 不要做我所做过的事,
> 我不会走,但却也想跑,
> 所以我只能和你说再见。

然后,他反复唱着:"妈妈没有离开,爸爸回家了……"每一次的反复,都有一种让人要哭的感觉,仿佛妈妈和爸爸就站在家的门外,一开门就能见到并能让我们扑入他们的怀中。没有一个人能这样唱出对妈妈的深厚而复杂的感情。

最好的歌手无疑应该是这样的,他和时代不脱节,他又能袒露自己的心扉。他是妈妈的孩子,又同时是时代之子。

常常有这样的问题袭击进我的脑子里：在20世纪60年代末和70年代初风靡摇滚歌坛的领军人物中，为什么有许多人和我的年龄相同，难道这是巧合？

列侬的无可替代,在我看来除了是他的音乐天赋,还得益于他这种得天独厚的诗人气质。正如有人写了一辈子的诗,只是将散文分行罢了,有人唱了一辈子的歌,还是一嘴大碴子味,不会有一点诗味。

　　列侬在一首歌中唱过这样的话:"出生时是渺小的,当你感到疼痛的时候,你长大了。"我以为这是理解列侬走近列侬的一道门槛。问题是我们不少歌手学会的只是摇滚的形式,并没有迈进这道门槛。原因很简单,他从来没有感到过疼。

朋克教父的破镜重圆

常常有这样的问题袭击进我的脑子里：在20世纪60年代末和70年代初风靡摇滚歌坛的领军人物中，为什么有许多人和我的年龄相同，难道这是巧合？比如，大卫·博伊（David Bowie）和伊基·波普（Iggy Pop），他们两人当时都是声名赫赫，都是1947年出生，和我同年。巧的是，他们俩再加上鲁·里德（Lou Reed）三人是当年最好的朋友，只是鲁·里德比他们俩稍大一些，是1943年出生。

我想起这样的问题，并不是和他们攀龙附凤，而是总在想我们确实是属于同一代的人，只是我们成长的背景不相同，莫非那种不同的背景竟像是植物生长的不同土壤一样，使得树木命中注定般开出的花结出的果就那样的迥异吗？还是我们的行动太不相同，他们在干他们想干的并且能够干的，而我们则是在干着并不是我们自己真正想要干的而且是我们力所不能及的，才让青春呈现出如此的不同的显影来？

60年代末和70年代初，正是我们一样青春年少的季节，在他们为了自己的青春理想于摇滚歌坛上叱咤风云的时候，我和我的伙伴们正在干什么？每当我想到这里时，我不得不为自己的虚度年华而悔恨。那时，也就是60年代末到70年代初，具体来说，1968年到1974年这六年，我是在北大荒，与荒原和风雪为伍。而当年辛辛苦苦开发出来的沼泽荒地，现在又成为湿地而需要保护了，说是大量地将沼泽地开发为田地破坏了自然的平衡。历史就是这样轻而易举地翻来覆去地掂着自己的大炒勺，将我们当成了它用来炝锅的葱花。如果说那时我也有自己的青春理想,那个由一场"文化大革命"而膨胀起来的理想,是建立在虚妄的沙滩上的,如今连废墟的残迹都找不到一星了,留给我们和历史的只是一片空白。而无论大卫·博伊和伊基·波普也好,还是鲁·里德也好,他们都留下了他们不朽的歌,岁月过去了,他们的歌声仍然回荡在今天的日子里。

在听他们的歌声时,说实话,我已经无法猜测出当年他们的样子,我常常走神,想起自己,想起这个沉重的话题,使得他们的歌声也变得有几分沉重起来。

去年的冬天,我只身一人到台湾住了一个月。我带去了一盘伊基·波普的磁带,正好陪伴我度过了那一段寂寞而空旷的日子。那是伊基·波普1999年出版的最新带子,名字叫做《B大街》。里面的歌都很好听,全部民谣风格,喃喃自语般的吟唱,伴随着台北的椰风摇荡、细雨淅沥,倒也格外和谐。在这盘磁带里,他特别加入了钢琴和小提琴,还有一种类似我们的木琴一样的乐器,我听不出到底是什么,但间或奏出的如啁啾鸟鸣般的丁冬声,有意在和他苍凉的声音对比似的,拉开了距离,有一种别样的离间效果。他唱得很平稳,有时还显出点对于他那样少有的深情,甚至还有意加上那么一点略带忧郁的口哨,云淡风轻的样子,怀旧的味道浓浓的,很适合我。特别是他在《遥远》中用低沉的嗓音一遍遍不厌其烦地唱着"再一次遥远的呼唤"、"再一次遥远的呼唤",实在有那么一点灞桥折柳一唱三叹的感觉;而在《B大街》中,在频如密雨的打击乐的伴奏下他依然是一遍遍不厌其烦地唱着"我渴求一个奇迹"、"我渴求一个奇迹",给予我的是一幅漆黑的夜空下倚在浓郁的大树旁抱着一把吉他空侯着自己寂寞影子的幽静画面。

和他以前的风格变化太大,几乎找不到他那时激情澎湃的影子了,遥远的呼唤早已经飘逝在逝去的风中,奇迹也很难再现。

不需要再听他当年的成名唱《我们将要堕落》,长达十多分钟那种先锋的姿态和年轻的声音,让那一代人震撼;只要想一想当年他在舞台上一边演唱一边用麦克风尖利的底端疯狂刺得自己裸露的胸膛血道子一道一道殷红刺目的样子,甚至离经叛道搞一些下流的动作做出惊世骇俗的样子,就会知道这盘磁带他真的是改邪归正一般,让他自己面目全非,仿佛他激流勇退,远离摇滚的舞台,收敛了他以往鹰一样挟风恃雷的钢铁的巨大翅膀,退化为湿淋淋的鸭子一样,行到水穷处,坐看云起时,跪拜在菖蒲团上,去参禅入定了。

有时,我一边听他唱歌一边看占据整个磁带封面的人头照片,那是伊基·

波普的近照,有点恐怖的样子,他的一双褐色的眼睛显得可怕,长长的马脸上皱纹沟壑纵横,干涩的嘴角深报着,很像类人猿,显得那样的老了。磁带里那些歌真的就是他唱的吗? 有时,我很怀疑。那歌声和那照片上的面容相差太远。

也许,我和他一样的老,一样的让人感到可怕罢了。我算着他的年龄,和我一样,出这盘磁带时也是52岁了。人到了52岁的时候,或许都大彻大悟了? 都要回头看了? 年轻时的锐气都没有了? 命中注定一般不是世故地变成老滑头,就是气数已尽走走回头路让旧时的风光去聊以自慰?

想到这一点,让我和伊基·波普竟然有那么点同命相怜起来。

不过,真的就是这样吗? 50岁以后的人真的就无可奈何花落去在开始走下坡路了吗? 青春的梦想就如烟火一样在瞬间缤纷也在瞬间消逝殆尽,徒剩下一堆冰冷的灰烬?

50岁以后的人还能干什么?

50岁以后的摇滚人还能够干什么?

50岁以后曾经在舞台上实践了一个艺术家的残酷性戏剧性用话筒底端的铁尖刺破自己血肉之躯的伊基·波普还能够干什么?

在台湾不止一次听伊基·波普这盘磁带的时候,我不止一次问自己这些问题。

我是大概知道一些伊基·波普的经历的,这位出生在美国密西根的歌手读中学时就组织了摇滚乐队,他自己当鼓手;在读密西根大学时唱歌成名,只读了一年就退学跑到芝加哥又跑回底特律,和几个伙伴成立了"幻觉助手"乐队(Psychedelic Stooges)。他一出道,就是以自己的歌声和行动作为那个时代的叛逆者的形象树立在他的听众面前的。这位无产阶级出身的歌手对那个时代出现的中产阶级有着天然的仇恨,在这一点上,我总觉得他特别像我的朋友作家梁晓声。据说,伊基·波普小时候,有一次他病了没去上学,几个家境不错的同学去看他,对他家门口放着的一辆破汽车格外好奇,跑上去跳着玩,一直把车座的垫子跳烂。等同学走了之后,他说:"我现在最恨的一个词就是中产阶级。"这让我想起梁晓声,也是在他小时候,在学校食堂里吃饭,几个干部家庭出身的同学得意洋洋地说在家里糖吃腻了,想尝尝盐是什么滋味,当时他一听就摔下饭碗转身离开了食堂。他们在骨子里是看不起中产阶级的,小布尔乔亚就更不在话下了。

这样一个摇滚歌手,对于刚刚出道时面前曾经风起云涌的民谣当然是不屑一顾的,他自然认为应该对自30年代以伍迪·格思里到60年代鲍伯·迪伦为代表风靡美利坚的民谣采取叛逆态度的,他自然会认为无论在30年代的大萧条时期还是在60年代的越战时期,那种民谣不过是帮助中产阶级和小布尔乔亚度过一个年代,而渴望灿烂美国梦的简单梦呓而已,是那些背着睡袋开着敞篷汽车忘乎所以疯狂地奔跑在高速公路上,以为公路的尽头就是伊甸园的自我安慰而已。他在1968年一出版两盘与乐队同名的磁带,便立刻鹤立鸡群,不同凡响。这两盘磁带被认为是摇滚乐的经典,而他自己本人则被称为那个年代的"朋克教父"。那时曾有一家著名的音乐杂志的记者采访他,当问到他如何评价自己的音乐成就时,他这样回答:"告别60年代"。

"告别60年代",可以说是他的摇滚宣言。

敢于勇敢地告别与自己同在的时代的人,确实是了不起的,需要勇气,更需要突破与这个共生共存时代的张力与实力,好比蜕变的虫子要有冲破包围在自己周身的外壳的力量才能够得以飞翔。摇滚歌手的先锋作用就在于此,他们不仅在艺术上,同时在思想上走在了时代的前沿。

鲁·里德在离开"地下丝绒"之后出版的自己第一张专辑《改革者》再版的插页上,印着的是他和大卫·博伊、伊基·波普三人的照片,伊基·波普嘴里叼着烟卷站在他们两人中间。应该说,这不仅是对他们三个朋友之间友谊的一种纪念,同时也是那个时代摇滚历史中三位先锋的作用与意义的一种象征。

先锋的意义不在于如何追逐时髦,而是先知般能够预示未来潮流的动向和走向,而让我们庸常的人在日后的日子里恍然大悟。先锋和一般复制者的区别就在于,先锋创造着未来的岁月,而后者只会咀嚼过去的日子。

鲁·里德是60年代至90年代的音乐家,是真正的先锋;大卫·博伊被赞誉为"变色龙",几十年来不甘示弱,一直是走在时代前的前锋;而伊基·波普是最为旗帜鲜明的"告别60年代"的先锋。不像有的人只是用先锋的唇膏涂抹出猩红的嘴唇来装点门面招摇撞骗或唬人,他们三人确实都是时代音乐的先行者,在摇滚史上作用至关重要。而且,重要的是在他们50岁之后依然雄风不减,依然做着他们各自的努力探索。

稍稍不同的是,伊基·波普比他们的步子要晚了些,慢了些。所以,在大卫·博伊50大寿之际请来了许多大腕,包括鲁·里德,却偏偏没有请他的老朋友伊基·波普,而当年,大卫·博伊是称伊基·波普为自己的救世主的呀,在伊基·波普一度因吸毒而不得不进行精神疗法的艰难时刻,大卫·博伊不顾唱片公司的冷淡,帮助伊基·波普出版了《金属击倒》的唱片。怎么现在友谊一点没有了?竟然就这样事过境迁随风而逝?当然,这可以看出大卫·博伊这条变色龙势利的一面,但也可以看出伊基·波普已经无可奈何地失去了当年的地位,磨损了当年的锋刃,不能全怪大卫·博伊。

关键是他们三个好朋友同时告别60年代后,却是以不同的方式和姿态生存在70年代、80年代和90年代,然后才一同走到了50岁。鲁·里德1974年在《萨利不会跳舞》的专辑中尝试了重金属的风格,1979年《钟声》专辑中运用了爵士,80年代的《新感觉》轻快,90年代《黄昏下沉的晕旋》中的硬摇滚……总之,他一直没闲着。大卫·博伊更是在1976年遇到了电子乐大师布莱恩·伊诺之后,一拍即合,一同来到柏林进行先锋实验,将电子乐和合成器引入乐队,有意和主流流行乐拉开距离,一口气合作了《低》、《英雄》、《房客》,号称"柏林三部曲",迅速地告别了70年代;1980年又别开生面地请来克里穆森国王乐队的灵魂罗伯特·弗里普,用喧嚣而失真的电吉他为他的演唱伴奏;一直到90年代他同另类乐队"九寸钉"合作,希望自己的音乐更加另类而吸引听众……

不管鲁·里德和大卫·博伊这样的努力是否成功,毕竟他们在努力,而此时的伊基·波普却依然在无产阶级对中产阶级的愤怒中徘徊。他成功地告别了60年代,却没有成功地进入新的年代。

青春就那样快地过去了,日子并不等待我们的犹豫和蹉跎,50岁的日子就那样随叶子变黄凋零的时候一起到来,一下子显得秋风萧瑟。

我不知道大卫·博伊50大寿时大腕云集而没有邀请自己,是不是使伊基·波普受到了刺激,从而奋发图强,赌口气非也要在五十岁之后的日子重铸辉煌,才在1999年他52岁时推出了这张《B大街》专辑?这只是我的揣测,因为我不知道他们的友谊再经过了30多年的跌宕之后到底变得如何,是不是还和以往一样三个人紧紧地搂在一起,如照片上那样伊基·波普得意地站在中间,被尊称为"朋克教父",还是已经变得如家具上的漆皮一样不经磕碰了?名利场上的艺术,有时比现实中的瞬息万变还要让人莫衷一是。

但是,可以肯定地说,在《B大街》中,伊基·波普确实是变了。

只是这种变化从某种程度上走回了他在60年代末期自己最为反对的民谣

之中了。

这究竟是一种可喜的变化，还是一种可怕的变化？是举起白旗投降走进敌对的营垒里去了吗？

听这盘《B大街》的时候，我常常问自己这个问题。我有些犹豫不定。民谣的风格是任何人一听就能够听得出来的，当年那样坚决反对民谣的伊基·波普，会那样轻而易举就退却了自己曾经拥有过的抵抗过万千风雨的盔甲，而一下子就披戴上了自己最不屑一顾的行头？我想问题绝对不会那样的简单。同从60年代到如今一直宝刀不老，一直是民谣之树常青的鲍伯·迪伦相比，很显然，鲍伯·迪伦一直是以不变应万变的姿态出现，在落红摇绿的季节变换中不怕重复自己，即便在他50岁之后依然有勇气和信心"重返61号公路"，抱着民谣从一而终。伊基·波普不是这样，而是在不时的情变中回首一望，看到灯火阑珊处她的朴实和美妙而和她相拥相抱。

如果说，50岁后的鲍伯·迪伦一直都是抱着他那把旧吉他如同抱着一把老酒壶在夕阳的余晖里旧梦重温，江湖酒伴如相问，终老烟波不计程；那么，伊基·波普却是蓦然回首，那人却在灯火阑珊处，不敢说一定是当年失之交臂，但才见得雁引愁心去，山衔好月来。

在上一个世纪末，50岁的伊基·波普又回到了60年代。那是曾经沧海难为水的浪子回头，是波折磨砺之后的破镜重圆。

50岁以后的我们还可以干许多的事情。

地上掉着一块旧丝绒

据说,他们这支乐队最初组建的时候,偶然发现地下室的地上掉着一块旧丝绒,随手就给自己的乐队起了这个名字。没想到这个名字日后成了经典。

当然,这只是传说而已,明显带有演绎的色彩。不过,"地下丝绒",这个名字确实很好听,很容易引起人们的想象和联想,而且是歧义的想象和联想。有人说是唯美,有人说是性感……不管怎么说,和乐队风马牛不相及。

"地下丝绒"应该感谢安迪·沃霍尔(Andy Warhol)。这位20世纪中叶影响了一代人的波普艺术大师,既是一位画家,又是一位电影导演,多才多艺。他所发明的丝网印刷术,将照相的照片印在画布上,出现极其意外的效果。在20世纪的60年代,沃霍尔创作了一系列的水果、可乐瓶,以及玛丽莲·梦露、伊丽沙白·泰勒等明星的图像作品。这是一种新型的美术创作,它们以十分浓艳夸张的色彩,对当时乏味平庸的流行文化进行了波普式的批评,正所谓以子之矛攻子之盾。这些作品因为别具一格而又符合世俗的心态在当时非常流行。沃霍尔主张流行,他有句名言:"每个人都有机会流行15分钟。"这句话和我们中国"各领风骚两三年"有着异曲同工之妙,表达了他对流行文化的态度和他对流行文化与群众关系的认识(沃霍尔的名气与地位当时和以后都非常显赫,他去世后,1994年以他的名字命名的沃霍尔博物馆在他的家乡匹兹堡开放)。

1966年,后来成为"地下丝绒"两位主将的鲁·里德和约翰·凯尔(John Cale)在纽约Bizarre咖啡馆与这位大师意外相遇。

当时,鲁·里德是一位古典音乐钢琴家,约翰·凯尔是一位小提琴手兼作曲家，他是获得了当时有名的伯恩斯坦奖学金，从英国威尔士专门来到美国学古典音乐作曲的。也就是说，他们两人起初都是古典音乐的追随者，如果不是和沃霍尔相遇，他们大概不一定走进流行音乐的领域。当然，从另一个侧面，也说明流行和古典并不是那样水火不容般对峙，摇滚乐起步时文化的含量不低，做摇滚的是一批有音乐素养和思想力量的人，并非只是有个哑嗓会弹个吉他知道个三和弦就可以做摇滚，更不是后来只是靠粗话和吸毒来诠释摇滚。

鲁·里德和约翰·凯尔因音乐而结识，那时他们20来岁正年轻，有两年时间两人常常到咖啡馆演唱，一来排遣心绪，二来挣点零花钱。偏偏，他们被沃霍尔碰见了。沃霍尔的眼毒，非常欣赏他们的才华，立刻推荐他们参加纽约这一年的大型演出，把他们从地下推到广阔的舞台，并给他们正儿八经地上了一堂关于流行与古典的认识教育课。沃霍尔告诉他们，艺术不应该以曲高和寡为幌子脱离大众，古典不应该以贵族自居而鄙夷流行，商业化也不是十恶不赦的恶魔。相反，通过商业化的途径，可以使更多的人欣赏到艺术的美妙，这样做不会贬低你们心中艺术的神圣价值。

老谋深算的沃霍尔的这一堂课没白上，他影响了他们两人尤其是鲁·里德。因为以后"地下丝绒"的主要音乐包括作曲作词都是出自鲁·里德之手。如果说是沃霍尔的春风化雨使得"地下丝绒"破土而生，并不为过。事实上，也正是沃霍尔鼎力支持，自己出任"地下丝绒"第一张唱片的制作人，力荐当时女性偶像歌星来自德国的尼可（Nico）加盟当主唱，把这第一张唱片的名字就叫做《地下丝绒和尼可》，并且把自己的那张流行很广的丝网照片香蕉印在唱片的封套上，黄黄的，很醒目。

沃霍尔一手炮制的"地下丝绒"就这样出笼了。

沃霍尔预言："地下丝绒"将会比"披头士"更有成就。

不过，当时人们没有理会沃霍尔的话。因为，他们用的乐器也好、录音的设备也好，实在是太简陋了，太廉价了，而他们所做的音乐也实在太简单了，不过就是4/4的拍子，几个小小的和弦，就算完事，连梳妆打扮都不仔细，一支曲子就敢往外招呼了。同时，他们的歌词也太大白话了，现实生活的照搬而已。总之，除了沃霍尔看好，似乎没有什么人正眼瞅瞅"地下丝绒"。人们只是把丝绒当成了一块抹布。

说到底，是"地下丝绒"出生太早，是个生不逢时又其貌不扬的早产儿。

"地下丝绒"被世人所重视,起码是二十年之后的事情了。时间证明了沃霍尔的预见,证明了"地下丝绒"的价值。因为在二十年中,美国的摇滚乐留下的脚印,与"地下丝绒"那印在摇滚歌坛上的深深指纹是那样的相似。人们才恍然大悟般意识到在朋克远未出现的二十年前,"地下丝绒"就如此前瞻性地天才般地具有了朋克的特点。他们对后工业时代的冷漠和无序无力感的痛苦发问,对现实社会泛滥的种种如吸毒、性泛滥、享乐主义、犬儒主义等等进行了无情的批判,即使到现在依然充满活力。人们才对摇滚乐有了一个新的认识,哦,原来摇滚并不只是单纯的音乐,摇滚原来是充满着批判、内省和呼吁的音乐。只不过,它的形式发生了革命性的变化,它少了古典音乐的和谐与优美,却多了古典音乐中不可能有的近距离的现实感,这种现实感也许很嘈杂,很冷峻,但很真实。如果说古典音乐可以滋润、陶冶人的心灵,摇滚乐则是人心的一面残酷却真实的凹凸镜;如果说古典音乐是将来自天国的晶莹的圣水接到我们的心灵里面,让我们的心灵得以净化,摇滚则是把我们的心中郁积的污水倾泻出来,让我们的心别被沤烂;如果说古典音乐将人类世界美好的一面展示给我们看,摇滚乐则是把那阴暗丑陋的一面揭示给我们看,让我们更为立体而真实,别光记着往一面抹润肤霜,而忽略了还要往另一面抹开塞露。进入了现代,音乐就是这样一分为二,互补着我们的生活。

鲁·里德说:"生活被摇滚所拯救。"

这话说得似乎有点儿大。但是现在谁也不会否定摇滚以及"地下丝绒"的价值和作用了。

现在,人们说,当初听"地下丝绒"的人很少,但当初听过的人后来都拿起了吉他成功地做了摇滚。

当然,同前面说的那块掉在地下室地上的丝绒一样,这也只是一个传说而已。

三十六年之后,我找到了这张封套上印着安迪·沃霍尔那支黑了皮却依然鲜艳的香蕉图片的《地下丝绒和尼可》的唱片,有一种恍然隔世之感,时光流逝着不仅一个传说,更流逝着渐渐被人们遗忘的真理。三十六年前他们所批判的诸如吸毒、性泛滥、享乐主义、犬儒主义……不是轮回般地又出现在我们的社会里,就在我们的身边而一点也不过时吗?

只是在这三十六年之中,尼可和吉他手莫里森两位女摇滚乐手都先后去世,"地下丝绒"已只如标本一样存在于这张唱片里了。

  我听这张唱片,忽然涌出一种奇异的想法。这张唱片诞生的1966年,正是我们的"文化大革命"爆发的那一年,同样作为年轻人,我们和他们在干着两种不同的事情,当初我们和他们肯定都认为是有意义的事情。三十六年那么容易就过去了,我们的有意义变成了没意义,而他们的有意义成为了永恒的意义。一代人的青春就这样流逝而去。

  现在再来听"地下丝绒",会觉得他们雪藏了三十六年似的,新鲜的味道依然清凉如昨,无论是他们的音乐中加入的先锋性的噪音实验,还是歌词中对现实生活的锋芒毕露的批判,都让我们觉得他们先知般在历史的那一端朝我们讪笑。我不得不回过头看沃霍尔曾经说过的那句话而重新认识那句话的意义,"地下丝绒"过去和现在都没有"披头士"出版过那样多的唱片,拥有过那样多的听众,但在我看来却是摇滚的教父,虽然当初谁也不认他们。他们却实在是一部摇滚的启示录,抒写着直指世相人心的现代警世恒言。

摇滚里的金斯堡

在摇滚暂短的半个来世纪的历史中，金斯堡的地位举足轻重。无论作为一个诗人，还是作为一个歌手，他对于摇滚乐的发展都起着至关重要的作用。许多摇滚乐队和歌手，比如鼎鼎大名的鲍伯·迪伦、约翰·列侬、伦纳德·科恩、斐尔·斯派克、帕蒂·史密斯、"感恩而死"……都和他有过或深或浅的交往，提起他，都会格外尊重，都会承认他们自己的音乐里不会没有他的营养。在他1997年去世之后，他们怀念他，不断唱他写的歌，朗诵他朗诵过的诗。

说金斯堡对于20世纪后半期发展起来的摇滚音乐起到画龙点睛的作用，并不是夸大其辞。我们现在已经很难想象上一个世纪的六、七十年代欧美大陆是一种什么样的情景了，因为我们那时正在搞着疯狂的"文化大革命"，我们把红袖章红宝书和大字报大标语挥舞得满世界都是，自以为要解放全人类，却实际上闭国自锁，和世界隔绝着，我们根本不知道在这个世界上还有着金斯堡和摇滚音乐。只要想想我国第一代的摇滚歌手崔健等人是在80年代初期才第一次听到了摇滚，便会知道我们该是怎样的井底之蛙，和世界拉开了多么遥远的距离。

我们现在当然可以听那个时期鲍伯·迪伦和约翰·列侬的摇滚，读金斯堡的诗和凯鲁亚克的小说，但已经无法感受到那时真实的情景，呼吸到那时的风，晒到那时的阳光了。麦卡锡主义对于民主的迫害，越战对于人心的摧残，黑人领袖马丁·路德的被暗杀，二次世界大战后青年一代的颓废和四顾的茫然……我们可以从教科书从电影里知道，但那一幕幕的惊心动魄毕竟只能够在我们的想象之中了。而作为社会反叛形象出现的摇滚，正是在这样的背景中背起吉他唱响在舞台上的。和他们前后脚出现的"垮掉的一代"，必然是他们同气相求的同盟军。作为"垮掉的一代"的主力金斯堡的诗，当然更应该是他们遥相呼应的回声。这道理很简单，自古诗歌不分家。在诗诞生的最初时期，就是和歌联系在一起的，是为了唱，而不仅仅是为了看的。从我国第一部诗歌总集《诗经》里的每一首诗都是可以唱的，就可以充分地看出古今中外概莫如此。就是以后的唐诗宋词，也是可以吟的，所谓吟，和我们现在的朗诵不一样，其实也是唱的一种变种。只是我们现在的诗越来越躲在象牙塔里，变得看也看不懂，唱更唱不来，舅舅不疼姥姥不爱。

更何况，金斯堡是那样钟情朗诵，而且喜欢摇滚，他还曾经参加鲍伯·迪伦的巡回演出。他像一条蚯蚓，在诗和摇滚两块土中蠕动，将彼此的信息和信心传递着。从金斯堡的朗诵效果来看，他的这种朗诵和我们古代的吟有着许多相似之处，他的那些诗是专为这样的吟唱而写的，是和音乐有着天然的关联的。他进入他的朗诵中，便进入了一种忘情的境界。

还能够想象得到那时在旧金山的城光书店里金斯堡一边品着咖啡或一边饮着酒一边忘情地朗诵着自己的诗的情景吗？

还能够想象得出在如今已是摇滚大师而当年与他一样年轻的鲍伯·迪伦和约翰·列侬身旁，金斯堡怀抱吉他演唱或朗诵的情景吗？

历史中那样激动的情景，岁月都在它们上面蒙上了尘埃。曾经生机勃勃的一只鸟一条鱼，化做了化石，也不会飞翔和畅游在我们的面前了。

我们只能想象。除此，我们只能感慨。

在一个时代的急剧变迁之中，一代青年用艺术和文学表达他们对世界的反抗，颠覆着并重新塑造起新一代的价值观念与理想时，我们正在自己和自己苦斗，将我们的文化和我们的经济一样推向了崩溃的边缘。

如果没有听过金斯堡的朗诵，无法想象那时的样子。当然，现在听他的朗诵，也只是隔靴搔痒而已，只能多少揣摩一些那时的情景。

金斯堡一生出了不知多少唱片，可以说他是以朗诵为职业的诗人。他自己说过，他的全部收入的三分之一来自他在布鲁克林大学当教授的薪水，三分之一来自他的摄影作品，另三分之一来自他出版的朗诵唱片所得的版税。靠朗诵居然也可以赚来那么多的钱，这大概就是欧美和我们的区别吧。四年前，我到南斯拉夫参加一次国际作家大会,所到之处,南斯拉夫人都要举办诗歌朗诵会,无论老幼诗人都要朗诵自己的诗作,听的人那样多。亏了我去之前听说他们有这样的传统,带了一首儿子写的诗,否则真应付不了遍地开花的朗诵。令我奇怪的是,我用中文朗诵,他们根本听不懂,却听得那样津津有味。这要是在我国,简直不可思议。虽然,我们自称是诗歌大国,有着历史中泱泱的唐诗宋词和如今多如牛毛的诗人。

我听的金斯堡的两盘唱片,分别是 1989 年出版的《为了真实的狮子》和 1996 年出版的《嚎叫》。音乐伴奏都是摇滚风格,只不过前者用的是吉他和钢琴、单簧管、双簧管、小号、萨克斯、大提琴等,极其丰富多彩;后者用的则是两把小提琴和一把中提琴、一把大提琴的四重奏。前者完全是一个大杂烩,后者则向古典靠近。百变于一身,这就是金斯堡的风格吧?

现场听过金斯堡朗诵的我国诗人北岛曾经这样描绘金斯堡朗诵时的情景:"他就像疯狂的火车头吼叫着,向疯狂的听众奔去。"听这两盘唱片,我倒没有这样的感觉,金斯堡朗诵得很平稳,并不故作玄奥高深,激情澎湃如一只发情的猫。男中音,嗓音很好听,底气十足,不到关键时刻一般不那样愤世嫉俗。就是朗诵他的代表作《嚎叫》,也没有北岛描绘的那种样子,倒是开头那一句先道出《嚎叫》的诗名和"献给卡尔·索罗门"的题辞,朗诵得声音不大,很深沉的样子。然后,是在大提琴黯哑的声音中流淌出诗歌著名的第一句:"我看到这一代精英毁于疯狂,他们饥饿、歇斯底里、赤裸着身子……"他不过是语速越来越快,机关枪似的,不住地向你倾泄而来,有大珠小珠落玉盘的效果。他的声音确实好听,尤其有女性喜欢的那种磁性。而那四把提琴围绕着他的声音上下起伏,只是没有提琴原有的缠绵,多是尖锐的不和谐音,琴声像是四把利器在浑浊的玻璃上划动,让我想起勋伯格为比利时诗人吉罗写的诗伴奏乐《月光下彼埃罗》,两者有着异曲同工之妙。

金斯堡的声音在这样的音乐中自由自在地飞翔,他把诗和自己的心都融化在摇滚音乐之中。在这样的摇滚中,可以听出金斯堡的自娱自乐和自信。

金斯堡曾经以这样嬉皮的方式说自己的诗,这是一句经常被人们引用的话:"我的西服五块,皮鞋三块,衬衣两块,领带一块,都是二手货,只有我的诗是一手的。"

他有这样骄傲的资本,他的诗确实是一流的,融化在摇滚里,也是一流的。

听他在《嚎叫》中这样朗诵着:"他们孤独地穿行在爱达荷的大街小巷寻找爱幻想的印第安天使,因为他们是爱幻想的印第安天使,他们只觉得欣喜万分因为巴尔的摩在超自然的狂喜中隐约可见,他们带着俄克拉荷马的华人一头钻进轿车感受冬夜街灯小镇雨滴的刺激,他们饥饿孤独地漫游在休斯敦寻找爵士乐寻找性寻找羹汤,他们尾随那位显赫的西班牙人要与他探讨美国和永恒,但宏愿无望,他们远渡非洲……"

听他在《咒语》中这样朗诵着:"圣洁我那在疯人院的母亲!圣洁堪萨斯祖先们的阴茎!圣洁那呻吟的萨克斯管!圣洁爵士乐的启示!圣洁爵士乐队大麻爵士乐迷和平和海洛英和鼓点!圣洁摩天大楼和人行道的孤独!圣洁人如潮涌的自助餐馆!圣洁街底下神秘的泪河!……"

听他朗诵着:"赤裸的午餐我们感到自然,我们吃的是现实三明治,但比喻却是过多的凉拌菜,别把疯狂的门掩盖起来。"听着这样的诗,我们不能不为金斯堡感动。

虽然,这位既不饮酒也不抽烟只是一个同性恋的诗人,生前曾经有过让克林顿总统颁发给他一枚勋章和在纽约时报上介绍一下他的生平业绩这样两个世俗的愿望,但那只是在世俗的世界里,一进入诗的境界,他便焕然一新。有的诗,只是涂着口红印在脸上的唇印;有的诗,只是插在鸡尾酒杯口一片薄薄的柠檬;有的诗,只是悬挂在市政大厅门前的一面飘扬的彩旗……金斯堡的诗,不是这些。金斯堡的诗,以粗壮的手掌叩响时代的大门,撩动一代年轻人敏感的三角区。

金斯堡的诗,颠覆着一个时代,滋养着一个时代。

金斯堡的诗,为那一个时代的摇滚音乐注入了激扬的精液,长上了锋利的牙齿。

金斯堡和摇滚手挽手,便化为了一对飞翔的翅膀。

门旁凋谢的恶之花
——关于莫里森的笔记

1

那天的傍晚,朋友敲我家门时,我正在听"大门"乐队(The Door)莫里森(Jim Morrion)的歌。音响里的莫里森把我家唱得震天响。朋友进门就问谁的歌这么好听?我告诉他们是"大门"的莫里森。他们感慨道:"三十年前的歌,一点也不显得旧,还是这样有现代感,还是这样好听!"

没错,事过三十多年,再来听"大门",听莫里森,一点不显得陈旧,料峭的风依然清新扑面,尖利而阴冷。好像时间停滞了,依然能够感受得到西海岸热辣辣的阳光和阳光一样热辣辣的情绪,海浪粗犷的呼吸一样节奏强烈地在汹涌澎湃。也许,和我听的唱片有关,这不是"大门"早期的歌,是莫里森最后的一盘作品《洛杉矶的女人》,已经不再是那样无节制的疯狂,布鲁斯的味道很浓,音乐的旋律性加强,曼扎莱克的键盘敲打得有些古典的味道,嗓音变得有些粗砺的莫里森唱得很好听,衬托着清风朗月,有几分灯红酒绿的意思,甚至很有点时尚消闲的意思,很对我们中国人的口味。

其实,我们现在已经很难听出莫里森当年真正的味道了,虽然,唱片依然是1971年的出品,高保真的声音也清晰如昨,并没有长出发霉的青苔。但是,正是在这一年,1971年,莫里森在巴黎去世。他才27岁,生命凋谢得早了些。

我们确实已经很难听出莫里森当年的真正味道了。1965年,他和曼扎莱克、伯比、约翰三个朋友在洛杉矶成立"大门"这个乐队时,我们正迫不及待跌倒在一场疯狂的大革命边缘；1967年，他们出版第一张唱片《大门》的时候，我们正在忙不迭地披挂上阵搞那场轰轰烈烈的"文化大革命"。20世纪的60年代，对于我们和他们这样同一代人，所呈现出来的竟然是如此两种完全不同色彩和内容的画面。如果我们非要寻找其中的契合点，大概在于面对的都是世界的动荡和荒诞，区别只是我们以自己的行动制造着动荡和荒诞，而他们是用自己的歌来反抗着动荡和荒诞。

20世纪的60年代，对于这个世界确实是一个动荡和荒诞甚至血腥的年代。我们对于我们的60年代也许记忆犹新，对于美国人的60年代也许并不那么清晰，隔岸观火的我们那时正要拯救他们于水深火热之中。我们不真的了解60年代越战、麦卡锡主义、暗杀、游行、经济的大萧条所给社会和人心带来的动荡不安，我们便并不真的理解为什么会在那个年代涌现颓废派的文学和与它一脉相承的摇滚，我们也就很难真的明白出身将门的莫里森为什么放着好好的日子不过，偏偏对他那位海军上将父亲那样恨之入骨，弑父情结不仅宣泄在他的第一首成名歌《结束》中，而且在他即将告别歌坛甚至世界的时候也要吼起喉咙再唱一首歌，反叛得那样彻头彻尾、直言不讳："我们正在被平静的海军上将引向屠杀，那些肥胖的、迟钝的将军们，用年轻的鲜血保持淫荡。"（《美国祈祷者》）而在那个我们和他们共同拥有的60年代里，我们正在高呼着那幅赫赫有名的血统论对联：老子英雄儿好汉，老子反动儿混蛋。而且，特别愿意用父辈的顶戴花翎装点自己的帽徽，以为唯有自己身上流淌的光荣前辈的高贵的血液鲜红永远O型不变。

60年代！只要一提起那个年代，我们该涌起多少感慨。或许，我们永远听不懂莫里森在那个年代所唱的歌。我们会对他身穿紧身皮衣的形象感到陌生（其实那是他们那个年代的时髦装束，就好像我们那腰扎武装带的绿军装），会对他吸毒、酗酒、廉价的政治波普、一次次和女歌迷的性丑闻、一场场越演越烈的性感表演、整场演出竟将自己的阳具暴露在外、乃至最后导致他死后官司也未了结的迈阿密裸体演出事件……我们无法想象和理解。但只要我们想一想那个我们曾经共同拥有过的60年代，我们就多少能够明白一点，其实我们和莫里森殊途同归是那样的相似，我们一样尽情地毫无节制地一点不懂得珍惜地挥洒着我们最可宝贵的青春，所不同的是我们把所有做为精神寄托的供品洒在了所谓的"革命"的祭坛上，而莫里森把自己的寄托化为了他疯狂的摇滚。

再一点不同的是：莫里森用他的摇滚唱出了那个时代但丁式地狱的黑暗和阴森，我们则把那个时代天真地唱成天堂般的狂欢。

在看奥利弗·斯通导演的电影《大门》里，看到瓦尔·基尔默扮演的莫里森时，这种感觉就越发强烈，不过是表现的形式不一样罢了，那种放浪形骸，大把大把疯狂挥洒青春，乃至于生命不顾的蹉跎和荒废，只有在事过境迁之后才能够看得清楚和明白一些，却是此情可待成追忆，只是当时已惘然。

当然，诗、性和大麻，都成为了莫里森摇滚中成功的元素，也成为了莫里森摇滚中不可避免的杂音。莫里森一副青春漂亮的面容连同他的摇滚成全了他，最后也无情地毁灭了他。

不过，说起毁灭，我们这一代不也一样自己毁灭了自己的青春一回吗？我们没有大麻，却有着狂热的要去解放世界三分之二受苦受难人民的疯狂膨胀的思想，它同样蛇一样咬噬着那个时代和我们自己的心；我们没有性的泛滥，性却压抑在整个的青春期，连一个最简单的吻都只潜藏在被视为毒草的旧小说和阿尔巴尼亚的电影里；我们也有诗，却只是空洞的千篇一律的大字报和标语口号。我们和莫里森一样也拥有青春漂亮的面容，却徒将这一副青春漂亮的面容残留在我们发黄的像册里，如今需要戴上老花镜才能够看清照片的似是而非的面容。

也许，从这一点意义上讲，莫里森去世这三十年来，他的唱片依然以每年100万张的数字畅销，我们也多少明白一些后来的人们依然怀念他喜欢他的一点原因了。我们再看看美国本土对"大门"和莫里森时评论："听过'大门'的歌，你和父母共进晚餐的感觉将不再和过去一样"，"在'大门'震撼人心的音乐里，莫里森竖起了属于他也属于一个时代的纯洁的墓碑"，多少会产生一些遥远的共鸣。

2

我在听莫里森的时候，常忍不住将他和帕蒂·史密斯作对比。

这样的对比，不是没有道理的。从本质上讲，莫里森和帕蒂·史密斯都是诗人。在摇滚歌手里，属于诗人的并不多。但他们两个人无疑是诗人，而且是相当不错的诗人。可以说，从一开始，莫里森就是想当一名诗人的。在圣地亚哥大学里读书时，他就迷上了波特莱尔和兰坡的诗（帕蒂·史密斯也喜欢兰坡的诗)。即使他后来唱起了摇滚,他依然迷恋着诗,常常在和别人谈话的时候,突然想到了好的诗句,就要赶快随手在小本子上记下来。在外出的日子里,他也要把写好的诗,通过长途电话念给他的女朋友帕米拉听。在这一点上,莫里森和帕蒂·史密斯一样,诗成为他们的生命,摇滚只是他们诗歌存在的另一种形式。

不大一样的是:诗,就像一只只鸽子,随时都会飞翔在莫里森的身上身下,或者说莫里森愿意把诗放飞成一只只雪白的鸽子,展现在他和我们共同的面前;而对于帕蒂·史密斯来说,诗只是一只猫,蜷缩在她密室的床头,只独自伸出舌头舔着她自己的手心或头发。

还有不大一样的,莫里森唱歌时,性感表现得要比帕蒂·史密斯强烈得多,这是莫里森的资本,他远远比帕蒂·史密斯漂亮得多,性感得多,他明显走的是"猫王"普莱斯利的路子。他也比帕蒂·史密斯疯狂怪异得多,在疯狂和怪异之中,他比帕蒂·史密斯多一些自恋般迷醉的想象和浪漫,而帕蒂·史密斯则比他多几分阴郁和恍惚。如果说莫里森像是烈日炎炎的天空,帕蒂·史密斯则像是没有一颗星星的沉沉的夜空。听莫里森,让我有时发热,听帕蒂·史密斯则常常让我感到有些冷。莫里森总如火山口上疯狂劲舞的精灵,帕蒂·史密斯则是冷雨淋湿的河流。

莫里森如一具裸体的大卫雕像,帕蒂·史密斯则是一身黑衣的女巫。

如果他们确实都属于诗人的话,帕蒂·史密斯是属于颓废的诗人那一种,莫里森则是地地道道的堕落诗人的典型。

帕蒂·史密斯是里尔克笔下"四肢紧张的静寂的"豹子,莫里森则是波特莱尔诗中的那朵"恶之花"。

除此之外,他们在摇滚和诗歌中拥有着共同的颓废和绝望。只不过,莫里森的颓废像是燃烧的火,将他自己和一切烧成灰烬;帕蒂·史密斯的颓废像是一潭泥塘,慢慢地将我们陷进去,一点点浸透我们的衣衫和骨髓。莫里森的绝望是唱出来的,不甘心的声音绝望地飘向云天,撕心裂肺,袅袅不散;帕蒂·史密斯的绝望却表现在歌词飘散之后,荡漾在静默而枯寂的空气里。就像莫里森唱歌时常尽情地扭动着身体,如同灵蛇四动喷射着火焰般的信子,而帕蒂·史密斯没有那么多的肢体语言,她唱歌时几乎是双手垂落,细高的身子一根葱似的笔直站着,只是偶尔神经质地挥动枯枝般的手臂,蚯蚓似的青筋历历可见。

面对同一个颓废动荡的时代,帕蒂·史密斯的歌和她的内心深处是乐观的,她说"60年代死了许多的人,人们应该冷静地坐下来了";她说"我主要的秉性可能是乐观的"。她相信天堂的存在。莫里森不相信天堂的存在,他顽固地认为地狱才是唯一的彼岸。悲观是他摇滚和他生命的核心,他不止一次地将这种悲观的痛苦和死亡作比较。他说:"较之死亡,生命的痛苦更深。只有死亡到来,痛苦才能结束。我猜想,死亡就像一个朋友。"他同时还说"死亡让我们都成为天使"。我想,大概正因为如此,科波拉在导演他的那部《现代启示录》时,在充满死亡恐怖的战争屠杀场面中才选用了他的歌《结束》吧?

《结束》确实是一个属于60年代的形象。

《点亮我的火》也是一个属于60年代的形象。

所以,我说莫里森是那个时代摇滚歌手中少有的诗人。一般歌手和诗人的区别就在于歌手只会唱雪月风花的后庭之花,而诗人却能够唱出那个时代最动心和最恸心之处。

3

明白了这一点,我们也就明白了为什么正在莫里森摇滚生涯鼎盛时期,他会毅然决然地离开了摇滚离开了美国,带着他的女友帕米拉来到了巴黎。他厌倦并毫不犹豫地远离了那些在别人看来值得羡慕的名誉地位和金钱。谁能够做到像他这样?浅薄的歌手为了多出一盘盒带多登台几次亮亮相,不惜拜倒在石榴裙下或投入大款的怀抱;伪诗人更可以在刚刚写完告密信后立刻写效忠的诗,或在刚刚手淫之后立刻写出纯真无比的爱情诗。功成名就的摇滚名家赚了大把大把的钱,即使不再唱了,也会买辆高级轿车,在郊区再买幢豪宅,或是投资商业,办个自己的公司,顶不济也要开家咖啡馆……这样的例子随手可以举出许多,艺术和商业就是这样迅速地完成了从猿到人的转化,已经成为一种值得骄傲的时髦。

莫里森看透了这一切,他视这一切如浮云粪土。他来到了巴黎。他在巴黎一间并不大也不豪华的公寓写诗。在他写的那些诗里有一首诗,他这样愤世嫉俗地说:"我要在所有的美国音乐上面,尽情小便。"

莫里森抛弃了浮华热闹的一切,来到巴黎,不是为了别的,而是为了写诗,能够在一个他认为富于艺术气息的地方安安静静地写诗。

现在还有这样的诗人吗?

仅仅这一点,就足以让我原谅了他以往的酗酒、性乱和一切寻欢作乐放荡不羁的劣迹斑斑。

诗和他的堕落是莫里森的正反两面。他往昔那种将麦克风和酒瓶齐飞、大麻共性乱一体的失控与疯狂,正是他对诗追求而不可得的放纵的自残,是诗韵乱了阵脚散落一地而长成的满眼荆棘。

他来到了巴黎,就是要把这些散落的诗韵重新捡回来。他自己说过:"我们原来是在山脚下疯狂起舞的精灵,如今变成了在黑暗中凝视前方的眼睛。"

据说,他在巴黎疯狂地坐在打字机前写诗。不住地写,写,写,直抵地狱之门——1973年7月3日,他心脏病突发,死在自家的浴缸里。有人形容他头耷拉在浴缸旁的样子像是大卫的那幅名画《马拉之死》。如果有画家为他也画一幅画,名字应该叫作《诗人之死》。

他是一个真正的诗人。

他被埋在巴黎的拉雪兹墓地。那里埋有他学生时代就喜爱的诗人波特莱尔。他可以和他并肩长眠在那里,那里肯定有无数的诗和青草鲜花一起开放在他们的周围。

在他窄小的墓地里,那块灰白色的墓碑上只简洁地写着:"詹姆斯·道格拉斯·莫里森(1943—1971):诗人、歌手、作曲家"。

将"诗人"这个称谓写在最前面,是对的。莫里森确实是一个诗人。

十年之后,1981年7月3日,大门乐队的其余三个人:曼扎莱克、伯比和约翰相聚在拉雪兹墓地莫里森的墓前,面对歌迷一首首唱起莫里森生前唱过的歌。虽然,莫里森在世时由于他的放纵和癫狂,他们曾不无责怪地说自己简直是他的保姆,不住地替他擦屁股,而对他怨恨不止。但是,只有他们才理解莫里森。毕竟他们和他是同一时代的人。在墓地,他们三人喝光了带来的一瓶红葡萄酒。那情景,想想都会让我感动。

今年是莫里森逝世整整三十年。不知拉雪兹墓地前还会不会有他们三人,还会不会有那些没有遗忘他的众多的歌迷。

就让他安静地躺在那里吧。"当音乐结束时,请将灯光也一并熄灭。"——这是他在歌中唱过的。

"这这"三部曲

摇滚的戏剧

《灰尘》是张1993年的专辑。

"这这"乐队(The The),其实一直就是马特·约翰逊(Matt Johnson)一个人在折腾。虽然伴奏的成员不停在变,但作为主唱和吉他手的位置,马特·约翰逊总是坚守着自己,树扎了根似咬定青山不放松。他14岁成立了这个莫名其妙叫做"这这"的乐队,从1981年出版了第一张专辑《奔腾的忧郁心灵》到现在,二十余年来就是靠自己一个人包揽了词曲创作和演唱演奏,扯起旗杆,独闯天下,笑傲江湖。有的人,天生就是唱摇滚的,正如有的人一辈子得靠伪装过日子,唱歌只是为了挣钱或混个脸熟儿。

马特·约翰逊和他的"这这"在英国摇滚歌坛可算得上个大牌儿。

可是,说实话,《灰尘》这张专辑,我不大喜欢。开头的第一首歌《这样是真正的幸福》,他先饶舌说了一大段独白,抑扬顿挫,还夹杂着观众的呼应,大概是想与众不同,先声夺人,有点故弄玄虚样子。然后才是低沉的吉他伴奏下的吟唱,有意压低了嗓音,极其夸张,像大幕开启后独角戏人物出场的开场白,摆开了架势,显得有款有型,来博得观众的注意。

第二首《爱情比死亡更强大》,要好听多了,自然多了,吉他声、玻璃琴的伴奏也明朗多了。他的嗓音其实是具有磁力的,很好听,很男人的那种。不过,依然是夸张的演唱,用了不少的气声和假声,让我想起二十多年前流行音乐刚流入我们国家时不少人唱歌用的就是这样的气声和假声,那时颇得到大家的欢迎,现在听起来总觉得不那么真切。虽然能够感受到他的嗓音可塑性很强,变幻极大,不过时而眉头紧锁故作低沉时而拔地而起激昂狂放的声音,真是让人难以忍受。听他的歌,让我想起戏曲或歌剧里的花腔,是属于那种戏剧化的唱法,很抒情的那种,把情感抒发得起伏跌宕,上天入地,呼风唤雨。听他的歌,即使不看他的现场表演,闭上眼睛,也能够看到他歌声里涂满了色彩缤纷的表情。

他的歌词我也不大喜欢,太宏观,完全走宏大叙事的路子。《这样是真正的幸福》里他这样唱:"有的时候我要得越多,得到的越少。真正唯一的自由,是从欲望中解脱,真正的幸福就是这样的……"和老师的谆谆教诲差不多,充满干涩的说教,并没有多少新鲜的内容和让人耳目一新的词句。《爱情比死亡更强大》中他这样唱:"眼泪有时会蒙蔽眼睛,但灵魂不会被欺骗。当眼泪流干时,河水上涨时,看蓝天来了,春天来了……"多像我们在各种各样的晚会上听到的大同小异的演唱,最爱把春天给拎出来玩弄小猫似的谁都可以摸一把,可怜的春天让他一样弄乱弄俗了。

作为后朋克的大牌儿,马特·约翰逊不应该是这样。这与我想象中的"这这"相去甚远。那种纯英式的风格哪里去了?只能都变成了夸张?将硬性的摇滚变成了他祖先莎士比亚表情丰富的戏剧?让他的歌声散发着过多黏乎乎的芬芳汁液的表情?在他刚刚出道时在《奔腾的忧郁心灵》中闪现的那种灵性,空明如深潭幽水、神秘旷远如寥廓霜天的感觉哪里去了?莫非 14 岁时年轻纯净的气息已经随岁月一起流逝? 1993 年出版这盘《灰尘》专辑时,马特·约翰逊已经 26 岁了。不过,要说 26 岁也不老呀,还是处于青年的时期,那么快就把嘴唇上那一层绒绒如同青草一样的胡须变成了硬硬的棕毛刷子了吗?岁月真的是一个严酷的雕塑师,才短短 12 年过去,就可以将一切雕塑得面目皆非?

民 谣 的 力 量

《向汉克致敬》是 1995 年出版的专辑。

这是一盘非常好听的磁带。虽然在磁带的封套上,马特·约翰逊印的是将自己的胡子画在眼睛下面的夸张照片,但整盘带子里的歌却没有一丝的夸张,而是那样的舒缓平易,荡漾着柔情的涟漪。两岸猿声啼不住,轻舟已过万重山,歌声是那样迷人,回味荡漾。伴奏也极其动人,干练的电吉他声不那么浑浊或刺耳,清风习习的样子,拂动着树叶飒飒作响,幽幽的回响特别让人揪心地感到怅惘。层次清晰的器乐如风相随地配合着,如一层层的浪花飘渺地从天而来又叹息着向大海的远处一层层飘去,间或还有恰倒好处的女声在细若无声地轻轻伴唱,柔和而透明,羽毛般在头顶上空款款地飞,伸手可触。

如果拿这盘专辑和《灰尘》相比,简直想象不出是出自同一个人之口。变化之大,犹如一只风雨中展翅的鲲鹏一下子变成了阳光闪烁的树林里的小鸟。

这盘磁带完全是翻唱汉克·威廉姆斯(Hank Williams)的歌曲的。汉克是20世纪40年代一位活跃的民谣歌手,他将乡村民谣、酒吧音乐和黑人布鲁斯融合在一起,删繁就简地把伤感的爱情歌曲尤其是把那种近乎绝望的爱情唱得格外缠绵动人。这位天才的歌手将乡村民谣唱得出神入化,却一辈子命运不济,出身贫穷让他总是逃脱不开忧郁的包围,仅仅30岁就因吸毒悲惨地死在汽车后座上。那是1953年,马特·约翰逊还远远没有出世。不知为什么他要在汉克去世了四十多年之后的1995年、自己28岁时翻唱已经过去了半个多世纪的老民谣?

我不知道马特·约翰逊是经过了沙里淘金有意的选择,还是不经意间的心血来潮,让他和汉克在这时候相逢?我不知道1995年那一年在马特·约翰逊个人的生活中到底发生了一些什么?让他忽然从高空中跌落下来,收敛了昂扬振动的翅膀,走在乡间的泥土地上,是为了重新闻一闻久违的泥土的清新气息吗?还是有什么微妙的或巨大的感情漩涡裹挟着他的歌声情不自禁地向汉克靠拢,让他在汉克的乡村民谣里找到了息息相通的共鸣,就像脱下了繁文缛节的礼服,赤裸着身子才能下水和透明的水珠肌肤相亲?

我不知道,我与马特·约翰逊和汉克·威廉姆斯离得都是那样地遥远。我只能私下揣测,因为我清楚地知道一个人是不会那么轻易地走回头路的,尤其是在28岁那样年轻的时候,正是所向空阔、风入四蹄轻的时候,他还远远没有到只能戴上老花镜翻看旧相册来怀旧来安慰自己的年龄。他如此深情地找到了汉克,是把汉克引以为知音的。旧瓶装新酒,即使新酒的色泽和味道已经不尽相同,但其中沉淀到底的意思是一样的,那种人类情感的醇厚和挚切、忧郁和无奈是一样的。因此,虽然是翻唱,马特·约翰逊已经把汉克的那些歌进行了另起炉灶的变幻,他不仅把音乐做得更加精致动人,而且唱出了他自己的韵味。但是,不管他走了多么远,毕竟是沿着汉克的路在往前走,他只是把汉克那至今仍然魅力无穷的乡村民谣的影子拉长了,或者说他一直都没有走出这个庞大而迷人的影子。

一个有着浓厚的乡村民谣传统的国家,真的是十分美好,而且得天独厚。当人们想要表达自己感情的时候,就多了一个取之不尽用之不竭的源泉,就既可以自己天马行空地创作,也可以用这种来自民间的传统进行新的阐释,所谓借酒浇愁。其实,想一想,并不是马特·约翰逊和汉克他们那里有这样的传统,我国的这一传统是多么"路漫漫其修远兮,吾将上下而求索";当我们想到乡愁的时候,我们有浩瀚的唐诗"共对明月应垂泪,一夜乡心五处同";当我们想到友情的时候,我们有美丽的宋词"但愿人长久,千里共婵娟";当我们想到家的时候,也不仅仅只剩下了肯基金呜咽的萨克斯 Going home,而是还有我们平易近人的元曲"古道西风瘦马,小桥流水人家"和"碧云天,黄花地"……我们的土壤是多么的丰饶肥腴,我们的泉源是多么源远流长;更不用说我们拥有众多少数民族多如灿烂星辰的民歌,"好一朵茉莉花",可以让从来没来过中国的普契尼偷走运用,而我们自己在摇滚和流行音乐中,注重的却只是外国音乐的元素和新潮,偏偏忽略或轻视了自己悠久的诗歌传统和民谣营养。

马特·约翰逊是聪明的,也是敏感的,他起码能够纠正我们对后朋克的一些偏见和误解,他以后朋克少有的缠绵和对世俗感情水乳交融的融合,将汉克与乡村民谣重新处理得那样水到渠成。或者应该这样说,是汉克和乡村民谣使得他在四顾茫然的跌撞之中找到了一条最朴实的归家的路,他才有了一种恍然大悟的感觉,完全可以用后朋克的悲情来表达以前民谣中的悲情,他才和汉克在 20 世纪末走到了一起,对于他们两人来说,民谣的抒情的传统,让他们契合,隔着半个多世纪,让那以前清澈的水和如今浑浊的水流在了一起,那水流不那么汹涌,甚至不大不急,只是浅浅的,隐隐的悲情如游鱼和落叶水草一样辉映在那里,却是明月松间照,清泉石上流的一幅画,湿润了我们久已干涸的心。

这就是民谣的力量,当你痛苦的时候,它们早已咏唱过痛苦,它们和你一起唱的时候,你的痛苦就得到了缓释;当你孤独的时候,它们早已咏唱过孤独,它们陪伴你一起唱的时候,你就不那么孤独了。就像鲍伯·迪伦在 1993 年出版的专辑《世界变错了》中翻唱的那些美国早期的民谣小调一样,赢得了不止一个人的心,民谣就有那样的魅力和魔力;也就像列侬唱的那样"有人说我是一个做梦的人,但我不是唯一的一个"。

在这盘《向汉克致敬》的专辑封套里印着一张汉克光着胸膛瘦骨嶙峋的照

片,照片的旁边有马特·约翰逊特意为汉克写下的一段话:"很少有歌手如他一样表达这样深的对爱情的渴望、深深的孤独苦痛,既昏暗又甜蜜。尽管他没有接受过正规教育,但他把纯洁的未经稀释的痛苦转变为简洁的歌,并且包含着深刻的美丽。"

这是马特·约翰逊表达的对汉克的感情,也是对民谣的感情。同时,这也是时间磨洗不去的民谣长存的魅力和力量。

裸露自己

《裸露自己》是1999年出版的专辑。

虽然,依旧有着马特·约翰逊惯有的那种戏剧性的痕迹,但很动听,有着那盘《向汉克致敬》的柔美与感动。不知是不是他向汉克靠拢之后有了醒悟,有意重走回头路,在尘土飞扬的老路上即使落满了一身的灰,嗅着呛人的灰土气味,但找着了那种尘世的感觉,也比强打精神端坐在飘渺的云端上要好。摇滚的出路,并不一定不是天堂就是地狱这样极端的选择,走在结实的土地上,哪怕路两旁并不都是鲜花怒放绿树成荫,也没什么,也可以是惬意的事情。

比起《向汉克致敬》来,这盘专辑更富有现代性。很显然,马特·约翰逊走在了汉克的老路上,并不想一味地和他一样的步履蹒跚,而是想在不变之中有些刻意的变化,起码修一修那条老路,不见得非得把路修直,但也要修得平整一些,或许在路的中央再修一座现代化的凉亭或喷泉。

尽管有着这些变化,听这盘专辑时,总还是让我想起那盘《向汉克致敬》。民谣的血液有时就是这样奔突着,带有强烈的遗传印记。马特·约翰逊不仅依然继承着民谣那平易简练又美丽动人的旋律,同时继承着汉克对平凡人生的海葵触角般细微而敏感的感触,他告别了在《灰尘》中曾经有过的那种宏大和空泛。

在《天气美女》的歌里,他这样唱道:"一个寒冷却洒满阳光的午后,坐在一间充满烟雾的房间,喝着葡萄酒,数着站在门厅那儿的一个女孩脸上笑开的皱纹,穿过她的肩膀是一个逐渐变冷的世界。我觉得自己在逐渐变老,而且慢慢地不再清醒。这是我们第一次也是最后一次见面,正像冬天树的落叶。陌生人能够触摸到爱情达不到的地方。"他将拥有葡萄酒及和煦阳光的美好冬日与爱情失落的反差,唱得那样委婉而情景交融。那种失恋的忧伤,太像是汉克。我想起在那盘《向汉克致敬》里,他曾经唱过的汉克的旧歌《我的酒里有眼泪》,那首歌里有这样的词:"我一直喝酒,一直喝到连脚趾都不会动。可能那时我的心才不会伤痛。我的酒里有眼泪,因为我在为你而哭泣。"同样是失恋的酒,只是这一次马特·约翰逊在酒里不再融入眼泪,而是更伤痛地穿越那阳光灿烂的女孩的肩膀,却无法如歌中的陌生人一样抵达爱情达不到的地方解脱自己。很显然,马特·约翰逊将失恋的感觉唱得越发含蓄而感伤,眼泪没有落进酒中,而是灼伤了自己的心房。

在《幽灵墙》里,马特·约翰逊这样唱道:"当窗帘慢慢地卷起,感觉到却没有听到。她不仅仅是一个记忆,她生活着呼吸着。当你睡不着的时候她注视着你,当你哭泣的时候她跪在你的身边。咳,别害怕,也别跑开,痛苦会变成你的朋友,感觉会把墙瓦解。因为唯一的不变的事情,就是所有的事情都会变……"我想起在《向汉克致敬》中他唱过的那首《欺骗的心》:"当泪如雨下的时候,你辗转反侧叫我的名字,你如我一样走过楼梯,你欺骗的心将要告诉你自己……"只不过,这一次,他把楼梯的背景换为了窗帘,飘曳而慢慢地卷起,而哭泣并没有改变,所有的梦魇般的欺骗和分离、痛苦和失眠,都没有丝毫的改变。他和汉克就在这样的爱情中徘徊不止,并没有走出多远的路。

如果说,那一次,他是借汉克之酒浇自己胸中之块垒,那么,这一次,他现身说法,是在用自己的心唱出那一份感伤和苦痛,那种和我们所有庸庸碌碌的日子一样的单纯和平易,那种屏弃了一切奢华喧嚣的简洁和洁净;与其说这是一种返璞归真,不如说我们生活的自身就是这样子。马特·约翰逊自己很清醒地知道,在一个早已经和戏剧挥手告别的时代,在一个已经失去了韵脚的散文时代,他没有必要再做哈姆雷特或麦克白式的戏剧性的造型,那或许可以在博物馆里或在小剧场里一显身手,在实际的生活中,在摇滚的世界中,它多少显得有些造作和隔膜。

马特·约翰逊回到了自我。他找到了感觉,静静地坐在那里,没有夸张的表情,不需要多余的装饰,让午后的阳光洒满在他的身前身后,而将自己留在影子里。

上一代的保罗·西蒙

那几次让孩子在买磁带的时候替我买几盘保罗·西蒙(Paul Simon)的带子,他都没有买,而且对我说"有什么听的?"对于保罗·西蒙和鲍伯·迪伦,他的态度是那样截然不同,他一直以为虽然他们是同时代人(他们都出生于1941年),又同是民谣的唱法,但保罗·西蒙远远地赶不上鲍伯·迪伦,他的音乐变化不大,唱年轻人爱情青春的歌词又太腻太浅,是无法和博大精深的鲍伯·迪伦相比的。

或许,这就是年轻一代和我们这上一代的距离和区别吧?

或许,保罗·西蒙就是属于上一代的歌手。

一代代就这样拉开了明显的距离,给人以逝者如斯的感觉。保罗·西蒙真的是老了,和我一样的老了,无可奈何。但我确实喜欢保罗·西蒙的歌,这样一想,让我忽然感到和保罗·西蒙竟然有一种同命相怜的意思,逝去的一切日子都显得苍凉而尘埋网封起来。真的是这样吗?保罗·西蒙的歌,只是我自己顾影自怜珍藏的一张老照片而已?

不过,提起20世纪60年代的摇滚,能够不说保罗·西蒙吗?就像不能不说鲍伯·迪伦一样是不可能的。那时候,他的歌,《忧愁河上的金桥》《寂静之声》《斯镇之歌》《星期三凌晨三点》……一首首都是那样的好听,哪一首不能让人引起属于那个时代的回忆?

其实,我知道保罗·西蒙要晚得多,大概是在80年代,或者比这还要晚,比保罗·西蒙出道起码要晚了整整二十年。不过,他歌中流露出的那种青春情绪,是不受岁月阻隔而能够相通的。其实,那时,我虽然是在大学里读书,但因为隔着一场"文化大革命",青春已经过去了,但心理上依然顽固地固守在青春的痴想与梦幻中。也许,正是这样年龄和心理上的落差,让我选择了保罗·西蒙,而没有选择当时正热门的邓丽君。

保罗·西蒙还在大学里读书时唱过一首歌,这首歌没有出名,以后他也没有再怎么唱过,但他当时却是青春洋溢又不乏伤感地这样唱的:"你读着你的艾米莉、狄更斯,我读我的罗博特、福斯特,我们用书签寻找自己失落的地方。仿佛是蹩脚的诗,我们是失韵的词。失韵的词句,在音节的切分处,在悠闲的谈话中,肤浅的叹息在我们周围。"这首歌唱得有些文绉绉,却很像当时我们在大学里读书的情景,我和保罗·西蒙便有了息息相通的可能性,即使只是一些"肤浅的叹息",也一拍即合了。在青春刚刚逝去而又那样的不甘心拼命想抓住它的尾巴的那段特殊日子里,不管什么样"肤浅的叹息"也是美丽的。

在孩子对保罗·西蒙的批判中,我知道他和鲍伯·迪伦的差距,但干吗非要让他也成为鲍伯·迪伦呢?就让深刻存在,也让肤浅同时存在吧;就让一条汹涌的大河存在,也让一湾清浅的小溪水存在吧。他自己也知道自己的所长所短,他曾经说过:"我的声音不是那种穿透力和震撼力的声音,我的声音听起来很软。"所以,他说他喜欢 Samcooke 的歌并受他的影响很大。我没有听过 Samcooke,我就是喜欢他那清浅甜美而松弛的歌喉,喜欢他那通俗易懂像大白话一样的歌词。他不造作,不故作高深,不玩假深沉,也不虚情假意,不像我们有些歌手似的只会唱些千篇一律假大空的晚会歌曲,更不像有的歌手口不对心一边慷慨激昂地唱着主旋律一边开着土大款送的豪华车。

能够想象得出他抱着一把吉他边弹边唱的样子。最好是他最初用的那把木吉他。阳光挥洒着他,或是月光辉映着他,风吹乱他的头发和衣襟,迷倒众人的那和加芬克尔风雨相随的合唱……那样子总是能够浮现在我的面前,那种很平易很随意的样子,是那种很青春很清纯的样子。我看过一张他的唱盘封套,一支女人修长而性感的弯曲大腿下,站着头戴博士帽一身黑衣的保罗·西蒙。不应该是这样子的,这样子和我的想象大相径庭。我想象中的保罗·西蒙应该总是抱着他那把木吉他,眼睛和他的歌声一样清澈如秋水长空。

以后,保罗·西蒙跟着鲍伯·迪伦也用上了电吉他,再以后他的音乐里出现了钢琴和管弦乐,乃至跑到南非学了好多黑人音乐,虽然在商业上获得了成功,我以为都无法赶得上他早期的歌声。那时是充满着真挚感情的歌声,是洋溢着青春生命的歌声。那些歌声如他的木吉他一样淳朴无华,却感人至深。在音乐中,是可以分辨出真假来的,真情是可以听得出来的,人可以造假,音乐不能,我曾经说过:"音乐和人一样透明",其实,我错了,应该说:音乐比人透明。保罗·西蒙早期的那些动人歌声,就是这样透明的音乐。

《寂静之声》已经唱了三十年,保罗·西蒙还在唱。这首当年为电影《毕业生》谱写的插曲,和电影获得奥斯卡一起走红。"你好,黑暗——我的朋友,让我们再来交谈。有个幻想在我的梦中缓缓爬行,无声无息地深深地植入我的心田。我的脑海,回荡着那寂静之声。在无尽无休的梦魇中,我独自走在狭窄的鹅卵石的街道,在昏暗的街灯下,我勒紧衣领躲避风寒。当霓虹灯光突然划破夜空刺伤我的双眼,我触摸到了那寂静之声……"寂静之声,是属于那个青春季节里的一种梦幻,一种意想,虽然我们明知越来越被四周喧哗所包围,但我们还是在这样一次次地痴人说梦。我不是也这样吗?一直到大学毕业,真正走向社会,一直到耳膜被锻炼成刀枪不入,一派天籁的寂静之声彻底绝缘。

《我是一块岩石》中唱的:"我是一块岩石,我是一座岛屿。岩石没有痛苦,岛屿不会哭泣。"直白浅显,像是中学生的作文中爱引用的格言。但是,我不是一样在那段日子里相信这样的格言,并极其天真而可笑地抄过不少这样类似的格言警句吗?

《这些年后仍让我疯狂》中唱的:"昨晚在街上碰到我以前的情人,她似乎很高兴地见到我,我也报以微笑。我们谈起许多往事,灌了不少啤酒,岁月流逝,疯狂依旧。"那一份真情的邂逅的激动与疯狂,实在是让人感动。

还有那首著名的《忧愁河上的金桥》,每一次听都会感动:"当你疲惫无助,当你眼含泪水,我会为你擦干。我与你站在一起,当你举步维艰,举目无亲,我愿倒下,用身体为你架起忧愁河上的金桥……"

同样有名的那首《斯镇之歌》:"你是否要去斯镇,请代我向一位姑娘问好,它她曾是我挚爱的恋人";"告诉她为我做一件亚麻衬衣,不必真的穿针引线,她又会成为我挚爱的恋人";"告诉她为我寻一方土地,在海水和沙滩之间,她又会成为我挚爱的恋人";"告诉她用皮镰刀收割,把石楠花扎成一束,她又会成为我挚爱的恋人"。四段歌词的副歌都是用一连串的意象"芫荽、鼠尾巴草、迷迭香和百里香"一唱三叹,反复吟唱,让我想起罗大佑的那首《鹿港小镇》,太相像了,保罗·西蒙就是这样把我们平常人青春时节的爱与恨、感动与激情、希望与梦想,用一种平易的方式,一种挚切的感情和民谣风格的吟唱,娓娓道来,濛濛细雨一般,渗透进我们的心田。

完全可以看出保罗·西蒙对罗大佑的影响。

  我最喜欢的是他的那首叫做《归途》的歌。那是保罗·西蒙自己真实的写照，也是我们所有人真实的写照，我们谁不是行色匆匆地奔走在离家又渴望归家的路途之中呢？归途是我们一生心情和行为的象征。保罗·西蒙深情地唱道："我手握车票坐在火车站上，即将奔赴又一个目的地，旅行箱将陪伴我这一整夜，还有手中紧握的吉他。每一个小站，都在孤独的诗人和乐手美妙的计划中。归途，我的希望，归途，故乡是我的思念……"那一声声归途唱得人心紧蹙。

  保罗·西蒙就是这样把我们平常人青春时节的爱与恨、感动与激情、希望与梦想，用一种平易的方式，一种挚切的感情和民谣风格的吟唱，娓娓道来，濛濛细雨一般，渗透进我们的心田。这种方式，也许真的是属于上一代了。即使做为先锋的摇滚，也似乎落伍，显得不那么前卫。这种吟唱，也许真的是属于上一代的音乐形式了，让年轻人觉得有些磨磨唧唧。也许，保罗·西蒙的歌只能让我们怀旧，保罗·西蒙只是一枚上一个时代的标本，陈列在岁月的风尘中，陈列在我们对逝去青春的怀想和怅惘中。

关于"老鹰"

老鹰(Eagles)是美国一支老牌的摇滚乐队。在20世纪70年代，他们曾经风光一时，最有名的《加州旅店》一张专辑就卖出了1 100万张，一支"老鹰"，短短几年光景，就卖出4亿美元，让同行望洋兴叹，酸掉下巴，是摇滚乐坛绝无仅有的奇迹。1979年，乐队解散，乐手们飘流各方，直到1994年不知出于什么原因，他们心血来潮，重新复出，而且进行了全球巡回演出，推出他们的新唱盘《地狱解冻》，居然宝刀不老，梅开二度，一下子卖出500万张，让那么多歌迷依然痴迷而不能释怀，真是匪夷所思。据说现场演唱会门票一张最高要115美金，是少有的高价（那也没有我们在故宫午门前的三大男高音演唱会的票价高），25万张门票短短几个小时被一抢而空。歌迷同球迷一样，有时是最无法理喻的一群。

我找到了一张《加州旅店》的DVD来听。重新走到一起的那五只"老鹰"，都已经老了，头发都白了，一脸的沧桑，歌声中也透着几分苍凉。现场的歌迷疯狂得让我有些吃惊，好多人岁数已经不小了，却个个像是吃了伟哥似的年轻了起来，我不知道他们为什么那样激情洋溢不可遏止。我真的没听出能让我激动的什么来，我就像一个局外人一样，站在海边，任浪涛那样汹涌澎湃，身上却没有一星飞溅过来的浪花。

一身牛仔的他们唱得不错，放松得很，潇洒得很，喃喃自语一般，倾诉感极强。优美的和声不错，音响的效果也不错，尤其是几把吉他、一个架子鼓配合着幽雅的弦乐乐队和清如雨珠滴落飞迸的钢琴，此起彼伏，摇曳多姿，音乐本身显得很浑厚悠扬,做得精致而认真。但是,我只能说是不错,看他们五人鬓发斑白的样子,敞着怀,胸脯的肉已经显现出松弛来。再看他们年轻时的照片,觉得有点似是而非,甚至有点滑稽的感觉。严格地讲,他们也不能算是真正意义上的摇滚,只是乡村民谣略加以改造的摇滚,很司空听惯的东西,开始会让你以为是约翰·丹佛的翻版。我实在听不出那些歌迷为之疯狂的旋律,也许,每一个音符的意义因地域不同而不同吧,就像橘易地而成枳。

每一个时代会有一个时代的音乐,这个时代的音乐就成为了这一代人的精神饮品,也成为了这一代人心头烙印上的钙化点或疤痕,成为这一代人抹不去的一种带有声音图案的记忆标本,注释着那一段属于他们的历史。就像一枚海星海葵或夜光荧螺,虽然已经离开大海甚至沙滩,却依然回响着海的潮起潮涌的呼啸。

想到这一点,便也就理解了为什么有那么多的人为"老鹰"的这张新唱片而疯狂。

1971年,当鼓手唐·亨利从德克萨斯州的一个小镇、吉他手格伦·弗雷从底特律、贝斯手兰迪·迈斯特从内布拉斯加无所事事地在洛杉矶走到了一起,他们有种一见如故的感觉,胸中涌出的想法,让他们相见恨晚而一拍即合。后来加入的伯尼·利顿和唐·菲尔德,原来都是给别人的演唱当伴奏,一样籍籍无名而渴望出名,一样囊中羞涩而渴望富有。那时,他们都是二十三四岁的年轻人,住在廉价的公寓里,坐上音乐这辆并不新颖的汽车,开始向他们梦想的成名之路进发。

那时的美国和苏联的关系正紧张,越战打得人心越来越乱,在国内引起激烈的争论,而就在"老鹰"会师洛杉矶的那一年,美国的经济并不景气,有460万人失业,逃避与颓废的风气正在年轻人的心头弥漫。就在这时,他们给自己的乐队起名叫做"老鹰",用了美国的国鸟来比喻自己,说明他们的正儿八经,不是在玩闹。1972年,他们推出了第一张专辑,名字就叫做《老鹰》,他们唱的主题是神秘的英雄、逃亡者和孤独的独行人。他们给自己提出的要求是尊重、名誉和金钱。他们的音乐和他们的目标,都和美国的那个年代那样的吻合,难怪有那么多的人爱听他们的歌,以至那么多年过去了,只要一听到他们的歌,人们就会想到那个逝去的岁月,也就一点也不奇怪。

比如说那首到现在依然是主打歌曲的《加州旅店》,亨利唱的是一个驾车行驶在高速公路上的人,被引到加州旅店,他不知道那其实是一家黑店,他在里面尽情地跳舞饮酒,最后发现自己已无法脱身。亨利最后唱道:"你任何时候都可以付账,但你永远无法离去。"这家加州旅店,是象征?是写实?如果不是和美国70年代历史息息相关的人,便很难理解这些空洞乏味而显得颓废的歌词,居然也能够使他们如此疯狂。

《加州旅店》也好,或者《浪费时间》也好,《昨天的女孩》也好,《一排美女》也好,《特奎拉日出》也好,《没关系》也好……他们那些歌,是那个年代遗留下来的老照片,在我们看来颜色已褪面目凋零,但对于和那段历史荣辱与共的一代人来说,却是踩上尾巴头就会动的啊。"老鹰"重新复出,用这些他们熟悉而在我们听来似乎是有些老掉牙的老歌,给美国这一代人端起了怀旧的最好酒杯。

这种情景,很像如今我们国内的歌迷听邓丽君、听罗大佑、听蔡琴时那种怀旧的感情和感觉。事过境迁之后,歌词都只是次要的,即使忘记都没有什么关系,只要那熟悉的旋律蓦然间响起,就能够听得出来那过去了的生活,再遥远也立刻近在咫尺;或者说一想起那过去的生活,耳边便总能不由自主地响起与之对应的那熟悉的旋律,一下子把许多想说的话都在音乐中淋漓尽致地体现出来了。音乐成了那段历史的一个别致的饰物,即使许久未见,只要有看见它,立刻他乡遇故知一样,引起无限青春岁月的回忆。音乐的引子只要一响起,便如泄洪堤坝拉开闸门一样,无法遏止,开了头,就没个尽头。音乐的作用有时就是这样奇特。

我对"老鹰"乐队最大的兴趣,是他们的年龄,因为这五个人中除了弗雷是1948年出生,其余四人都是和我一样1947年生人。应该说我们是地地道道的同一代人。在70年代初他们出道杀出一条血路,在整个70年代他们红透美利坚的时候,我正在干什么?

1971年,我在北大荒插队,在那一年的秋天割豆子,一人一条垄,一条垄8里长,从清早一直割到天黑,结了霜带着冰茬的豆荚,把戴着手套的手割破,一片齐刷刷的豆子前仆后继还在前面站着。这样的日子就像长长的田垄一样没有尽头,希望消失在夜雾笼罩的冰冷的豆地里。

1972年,也就是"老鹰"出版他们第一张唱盘的时候,父亲突然去世,家中只剩下老母一人,我星夜赶回北京,料理完丧事,在北京开始了和母亲相依为命的待业生涯。

关于"老鹰"

我现在在想,那时属于我们的音乐是什么?无论在北大荒漫无边涯的霜冻豆地里,还是在北京城到处流浪求生觅食的日子里,什么样的音乐如同"老鹰"的歌一样伴随着我呢?

我仔细想了想,有这样三部分的音乐在那时伴随着我和我们这一代人:一是在知青中流传的自己编的歌,一是前苏联那些老歌,再有便是样板戏。真是这样,在收工的甩手无边的田野里,在冬夜漫长的炕头上,在松花江黑龙江畔开江时潮湿的晨风里,在白桦林柞树林和达紫香开花的树林里……有多少时候就是那样情不自禁地唱起了这些歌,有时唱得那样豪放,有时唱得那样悲伤,有时唱得那样凄凉。记得有一次到完达山的老林子里伐木,住在帐篷里的人在一天夜里齐声唱起了苏联的老歌,一首接一首,唱着唱着,竟然全帐篷里的人没来由地都哭了起来,哭声越来越大,以至响彻了整个黑夜。

在有人类的历史中,没有文字时就先有了音乐,音乐是历史的一块活化石,是即使我们说不出也道不明的历史的最为生动的表情或潜台词。明白了这一点,也就明白了为什么前几天北京上演一出类似"老鹰"复出一般由浩亮、刘长瑜、袁世海等原班人马出演的现代京戏《红灯记》时,那么多人为之兴奋雀跃了。熟悉的旋律,熟悉的戏词,乃至熟悉的一招一式,都会唤起那一代人共同的回忆。《红灯记》的内容已不是主要的了,样板戏和我们知青自己编的歌以及那些前苏联的老歌所起的作用在这时是一样的,只是作为一种象征,作为载我们溯流回到以往岁月的一条船。它们能够让时光重现,让逝去的一切尤其是青春的岁月复活,童话般重新绽开缤纷的花朵。不知道别人听到它时想到什么,我听到时就会忍不住想起那时待业和割豆子的情形,在特殊的音乐的荡漾中荡漾起一代人那无情逝去的青春泡沫。

有时候,音乐就是这样一种青春致幻剂。

哈利路亚

哈利路亚（Hallelujah），是希伯来文礼拜仪式中的用语，"要赞美主"的意思。这句专门用语，在希伯来语的《圣经》中曾经多次出现，早期基督教徒在教堂唱赞美诗时也常常用到。通常它用于句子首尾之处，前后呼应，表达一种虔诚和神圣的膜拜。

除了在宗教音乐里，真正将"哈利路亚"写成一部完整音乐作品的，最早大概要属亨得尔了。他创作的不朽之作《弥赛亚》第二章"哈利路亚大合唱"，描写了耶稣的受难和复活，"哈利路亚"在里面不仅是首尾的呼应，而且成为庄严神圣的血肉。自从一次在伦敦上演时乔治二世大为感动而突然起立之后，形成了以后每逢唱到"哈利路亚"时所有的在场听众都要为之肃然起立的惯例。

"哈利路亚"在古典音乐里成为了一种神圣的经典，这并不奇怪，但出现在流行音乐中尤其是在摇滚音乐中，就是件让人新鲜的事情了。

最近，竟然这么巧，一连听到两位摇滚歌手唱"哈利路亚"，而且，都是摇滚的大腕；而且，歌名开门见山干净利落都叫做"哈利路亚"，引起我很大的兴趣，倒要听听他们用摇滚的唱法能够把纯粹古典的"哈利路亚"唱成什么样子，和他们前辈亨得尔的"哈利路亚"有着什么样的区别。

尼克·凯夫（Nick Cave）在摇滚歌坛是绝对的顶级人物，他的文化修养和他的嗓音在摇滚界一样地出类拔萃。他出版过诗歌和小说，可不是我们那些演艺界的二三流人士雇佣枪手或自己语句不通写出的东西，不是那种比赛着出版的自传或写真的垃圾，而是真正的文学作品，他的小说《驴见到了天使》被评为是"现代的史诗",那可不是我们花两个钱就能够便宜买来的胡乱吹捧。

尼克·凯夫的《哈利路亚》,前奏很长,起初电子合成器浑厚低音的效果是那样的旷远悠长,恍若隔世,让人以为是古典音乐的延伸,只有渐渐出现的电吉他和打击乐的节奏才露出了摇滚的尾巴。不过,曾经极端后朋克的尼克·凯夫,在唱《哈利路亚》时,一下子冰消雪化了那种极端和疯狂,他甚至没有用一点尖锐的高音,只是很低沉地唱着,显得心平气和,改邪归正了一般,没有了一点尼克·凯夫"坏种子"原来的样子。但有一点痛苦,有一点凄婉,尤其在反复唱着"哈利路亚"的时候,音乐有些飘忽的感觉,他唱得有一种让人要哭的味道。

"哈利路亚"是需要反复吟唱的,尼克·凯夫唱到最后,加入了男女的合唱,一遍一遍不厌其烦地吟唱着"哈利路亚",唱得是那样哀婉,气韵悠长。特别是女声的衬托,波浪一样一浪浪涌来,涌到脚下,又翻涌着涌到了天边遥远的不可知之处,给你带来一种揪心的怅惘。

杰夫·巴克利(Jeff Buckley)比尼克·凯夫年轻,命运却不济。这位天才蒂姆·巴克利的儿子,一样也是位天才,从小就被称为"赛人",意思是说奥德赛听了他的歌后,不愿意再回去,极尽盛赞之意。他杰出的嗓音和现场激情喷薄的演唱,让他光芒四射。谁也不知道他上台后会唱什么,他会随意地唱着他想唱的歌,嗓眼里喷涌出来的歌和抱在怀里的吉他像是魔术家手里的万花筒,随他的意愿随时能够扯出无限的花环。可惜,他只出了一盘叫做《雅致》的唱盘,在制作第二张专辑时,他在密西西比河游泳而丧生,和他的父亲死时一样年轻,仅仅31岁。

杰夫·巴克利的《哈利路亚》,一把电吉他伴奏,几乎没有一点打击乐,删繁就简干净得如同秋水般清冽。有时吉他奏得有一种钢琴的感觉,优雅而格外的清亮,犹如晶莹的水珠,那种感觉实在特别让我奇怪。比起尼克·凯夫有些苍老的声音来说,他的声音年轻而纯净,似乎唱"哈利路亚"更能体现对一种心底以为值得珍爱的神圣的歌唱。一样反复吟唱"哈利路亚",高高低低,真声假嗓,上穷碧落下黄泉一般,极尽变幻之妙,让他那富有魔力的歌喉发挥得淋漓尽致,连那一丝忧郁也融化在优雅之中了。

尼克·凯夫和杰夫·巴克利不约而同都在唱《哈利路亚》,也许只是巧合,即使是巧合,多少也能够说明一点问题,那就是激进的摇滚在尝试了、变幻了种种的方式之后,有一种蓦然回首的感觉和回归古典的趋向,起码尼克·凯夫和杰夫·巴克利对古典的崇拜重新体现在他们的演唱里。

当然,这只是他们心中的古典,以为是他们向古典靠拢而改弦更张改变自己的风格是错误的,那样的话,摇滚也就失去自己的意义了。有意思的是,他们为我们提供了一个认识他们对古典理解的标本,以及考察摇滚和古典之间关系的参照物。他们的古典和亨得尔时代的古典并不一样。如果我们听亨得尔《弥赛亚》的"哈利路亚",会明显地感到宗教感是那样的强,那种庄严神圣,从那辉煌的合唱中,从那悠扬的回声中,从那气势磅礴的乐队伴奏中,自然而然地洋溢出来。它让我们能够想象得出合唱的每一个人的手里都像是捧着一个金灿灿的太阳,想象得到明亮的天光正透过教堂高大的彩绘玻璃窗轻轻地洒下来。不管我们是否信仰上帝,它让我们忍不住抬起头仰望,让我们懂得并虔诚地接受那阳光和天光的照耀而禁不住双手合十。那是和我们平常见到的被污染过的阳光天光不一样的,那是辉映在古典之中辉映在理想之中辉映在我们的想象之中的阳光和天光。便可以想象得到在波士顿举办的亨得尔音乐节中五百人的乐团和一万人的合唱团,回声荡漾澎湃演出这段"哈利路亚"时的天光灿烂,该是多么的让人激动,那才是亨得尔的古典,亨得尔的"哈利路亚"。

尼克·凯夫和杰夫·巴克利和亨得尔不一样,他们的"哈利路亚"已经步入尘世,虽然古典的向往冲淡了一些摇滚色彩,但同样摇滚的本性也冲淡了宗教的意味。他们的"哈利路亚"是经过了他们改造的。

听听他们在《哈利路亚》里的歌词,或许能够更加理解一些他们的哈利路亚。在杰夫·巴克利的《哈利路亚》里,他这样唱道:"我们来到这里有一个神秘的唱诗班,他们在那里演唱取悦上帝,但你并不是真正关心音乐是不是?他们唱的歌是这样的:第四个第五个一个小的下降一个大的上升,头脑混乱的国王创造了哈利路亚。哈利路亚,哈利路亚……好的,你的忠诚是那样强烈,但你还需要证明你看见了她在屋顶上洗澡。她的美丽,还有那笼罩四周的月光。她把你捆绑在厨房的椅子上,她摔下你的王冠,剪下你的头发,在你的唇上吸吮。哈利路亚,哈利路亚……不久我看见了这个房间,我走过这个地板,在大理石门廊中看见你的旗帜,但爱不是胜利进行曲,爱是一个冰冷破碎的哈利路亚。哈利路亚,哈利路亚……会有时间你让我知道到底下面发生了什么事情,但是现在你不向我显示出来。当我进入你的时候请你记住,那只神圣的鸽子正在移动。我们的每一个喘息都是哈利路亚。好的,也许有一个上帝在上面,但我从爱里学到的就是这样射杀一个人。这不是一个在夜晚听到的呼喊,不是一个看到过光的人,它只是一个冰冷破碎的哈利路亚。哈利路亚,哈利路亚……"

这是雷纳德·科恩(Leonard Cohen)专门为他写的歌词。科恩既是一个音乐家,也是一个小说家,歌词写得不同凡响。它或许能够让我们看到"哈利路亚"在摇滚中的变化和变形。这首科恩作的《哈路利亚》,"地下丝绒"的约翰·凯尔(John Cale)在 80 年代也曾经翻唱过,据说只用钢琴简单伴奏,唱得感情极其内敛,格外动人。可惜,我没有听到过,无从将约翰·凯尔的《哈路利亚》和杰夫·巴克利做比较。杰夫·巴克利的《哈利路亚》,把神圣世俗化,把爱情神圣化,"爱是一个冰冷破碎的哈利路亚","我们的每一个喘息都是哈利路亚",这歌词写得真是好,让人咀嚼不尽,唱出了一个摇滚歌手面对现实时内心痛苦的无奈和不甘的向往。现实中的种种无耻,连爱情这样被视为古典神圣的情感都沦落风尘,洁白的睡莲变成了萎靡的露水野花,高尚的、崇高的、理想的、梦想的、真诚的、忠诚的……一切都只成为了标签,一切有价值的东西都可以在实用主义面前顷刻之间落花流水一样飘零。他们发现摇滚解救不了自己,回过头来求救古典,发现古典也并不是打捞他们的救生船。他们在这样的两难的矛盾痛苦之中,一遍又一遍反反复复唱着"哈利路亚"、"哈利路亚"。

"哈利路亚","哈利路亚"……一声声渗进我的心中,痛苦而无奈,凄厉而哀婉。如果说,亨得尔的《哈利路亚》让我不禁会抬起头来仰望,尼克·凯夫和杰夫·巴克利的《哈利路亚》则让我忍不住垂下头,问自己"哈利路亚"在哪里,"哈利路亚"还能够像天光一样辉映在我们的头顶,像圣诞老人一样驾着雪橇从洁白如银的雪地上飞驰而来解救我们飞向洁白如雪的天堂上去吗?

非常有趣的是,我在网上查询"哈利路亚"这一词条时,没有出现一句对这一词条的解释,屏幕上出现的只是我国温州地区生产的一种牌子叫做"哈利路亚"的皮鞋。我们的温州人真是和我们开了一个玩笑,那样轻而易举地就让神圣的"哈利路亚"屈尊下驾跑到我们脚下了。他们走得比尼克·凯夫和杰夫·巴克利远得多,比摇滚还要摇滚。

悲情莫里西

第一次听莫里西（Morrissey），是听他重新翻唱老歌《月亮河》。很早以前，我在童年的时候就听过这首《月亮河》，一直以为是首优美的民歌，后来知道了，虽然它有浓厚的民歌元素，但这是由美国作曲家亨利·曼里希和词作者约翰尼·默塞尔合作的人工产品，自1961年第一次出现在电影《帝芬尼的早餐》里，一下子就风靡开来，连中国都弥漫起它那动听的旋律。

20世纪90年代，莫里西把60年代的《月亮河》唱得那样委婉哀怨，同样是月亮，可以把它唱得绿水净素月，月明白鹭飞那样抒情，也可以唱成可怜九月初三夜，露似真珠月似弓那样凄迷。莫里西唱的《月亮河》，在凄迷月光照耀下波光粼粼的有种梦幻感觉和幽深莫测的幻灭感觉，都是原来明朗而美丽的歌中少有的或没有的，便显得比原来的歌多了一层苔藓般的感觉。那种浸湿了的墨绿色，比任何一种绿色都让人心里多了滑腻腻的沉重感，就像是一条游蛇从心头划过。

特别是莫里西把歌唱完了，后面一大段乐器的演奏，仿佛是孤帆远影碧空尽，那条月亮河远远地流淌着，还没有消失在远方。幽幽的吉他如呜咽的河水淌过依依牵扯的水草的声响，间或的鼓点如老人在迟迟地移动着脚步。最后，余音袅袅，十分的美，美得让人直想落泪。

我找到有这首《月亮河》的唱盘，是一盘叫做《莫里西的世界》的精选，1995年出版。封套上是一张黑白照片，印着莫里西的头像，灰暗色调下一个看不清面目的莫里西，眼光迷蒙，张着嘴不知要说些什么。打开封套，里面的他张着大

悲情莫里西

嘴笑了,露出洁白的牙齿,但你知道他的内心里是不会笑的。

莫里西是80年代成立的"史密斯"乐队(The Smiths)的中坚。说起80年代,"史密斯"是一支重要的乐队,虽然,他们只有五年的辉煌。80年代,摇滚之风发生了剧烈的变化,激进而激烈的批判锋芒在磨钝,变换着法子在寻求新的出路,一个是走向形式主义,崇尚华丽繁复的声响,渲染声嘶力竭的暴力;一个是向古典回归,追求简洁典雅和诚实,吟唱普通常人的感情,让音乐充满烟火味,化喧嚣为平易和平淡无奇。"史密斯"就是在这样背景中涌现出来的属于后者的乐队,因为乐队的几个年轻人都是英国曼彻斯特人,乐队又是在曼彻斯特成立的,便被称之为曼彻斯特摇滚。他们以自己的清新之风拂动着80年代已经显得疲惫和苍老的摇滚歌坛。他们唱出了那个年代里年轻人的爱情与人生中淡淡的哀愁和幽怨,他们让摇滚的老三样:吉他、鼓和贝斯回到了原始状态的本真的活力。这两条使得他们的音乐具有一种少有的亲和力,吸引了许多年轻人的耳朵和心灵。"史密斯"乐队几乎所有歌的歌词都是莫里西作的,无疑,莫里西和曲作者马尔(Marr)成为了乐队的左膀右臂。

莫里西早期的歌词,有那么一点自怨自艾和自恋,青苹果似的,涩涩的,酸酸的,带有枝头的清新,总让你心头迷惘,有一种如雨似雾的怅然若失,是少年不知愁滋味,为赋新诗强说愁的样子。

1987年,"史密斯"乐队解散,莫里西单飞,1988年出版了他自己的第一张专辑《仇恨万岁》,当时就获得了英国排行榜的冠军,大概听众们把一半的光荣给了他,另一半还是怀念地给了"史密斯"乐队吧。这是一盘让人百听不厌的带子,值得收藏。可以说,这是一首朴实的个人长篇叙事诗,莫里西以他擅长的对普通人特别是年轻人感情的理解和细致入微的捕捉,将他自己的感情和他们的感情融为一体,把普通的人和事唱得那样感人至深。或许,这和他是一个同性恋者有关,对一般人看不到或者看到了习以为常甚至看了不顺眼的人和事有一种自己特别角度的关爱。或许,是因为他自己的出身,他不是那种富有的中产阶级,母亲是一个图书馆的馆员,父亲只是一个医院里的搬运工,他没有可以骄傲的资本,也没有必要去冒充假贵族,命里注定,他只能唱他所熟悉的曼彻斯特和南伦敦那些幽暗肮脏的下层街道里他的亲人和朋友,唱那里的小酒馆包括同性恋酒吧里呛人的汗味、熏天的浓烟、暧昧的灯光,和那里的人朦胧的醉意、痴痴的梦想以及无法排遣的忧愁哀怨。

听他这盘带子,不知为什么,总让我莫名其妙地想起在冬天的北大荒风雪呼啸中的那些小酒馆,那时,我们到附近的县城里办事总要去小酒馆喝一点当地的高粱烧酒。那种烟雾弥漫臭味熏天话语喧哗和醉态百出的情景中,那种渍酸菜冻酸梨关东烟和大铁桶里燃烧的含硫量极大的煤块子冒出的火苗和黑烟所交织在一起的气味中,如果有什么歌需要伴奏,一定得是莫里西的那种音乐。只有那种音乐,才和这里的人相配。他们的坚忍,他们的豁达,他们的悲欢离合,他们的辛酸苦辣,以及他们的无可奈何,如果需要用音乐来表达,一定也得是莫里西的那种,才好对他们的口型和他们的内心。想到这里的时候,我也就明白了为什么他把《月亮河》唱得和原来听的不一样,而是那样的哀怨,一种埋藏在心底无法诉说的苦痛。并且用了那样长一段无词无歌的伴奏音乐,让那吉他鼓和贝斯就那样信马由缰地幽幽地响。有时候,真是音乐起于词尽之处。

好的音乐,总能让人想起自己的许多往事,和音乐本身根本就不搭界,却是音乐为我们织就的风帆,能够载我们飞到遥远的地方去。

在这盘《仇恨万岁》中,有一首叫做《深夜,在悲伤大街》的歌,莫里西唱道:"在悲伤大街的最后一晚,再见了房子,再见了楼梯,我出生在这里,我成长在这里,我在这里拣起了一片树叶。一见钟情可能听起来有些陈腐,可是你知道那是真的。我可以列出所有你曾经厌倦的事情,或者你曾经说过的事情,或者是那一天你是如何地站在那里的。我们一起度过了悲伤大街的最后一晚,我在这里从来没有偷走过一个快乐的时刻……当警车把你带走,亲爱的检查官,你可曾尝过爱情的滋味吗?"

也许,听他前面唱的那一切,你都没有什么可以震动的,那些被称为悲伤大街的一切,和我们自己经过的没有什么两样,没有什么新奇的。莫里西只是在长长的叙述中不经意间泄露出"一见钟情"这样一个信息,但正是这个信息在歌中最后对警察和检查官的责问里产生了分量,让我们感到了爱的力量和分离的惆怅,而那个深夜便也让我们感到那样沉甸甸的,夜色和露水一起浓重带打湿了我们的肩头和心。一个从小在这样悲伤大街上长大的人,和从小在路灯燃放犹如倒挂的莲花、橱窗灿烂犹如神话中打开的百宝匣的大街上长大的人,所感受的爱与恨是不一样的。

在这盘带子里还有这样一首歌《普通的男孩》,他这样唱:"普通的男孩,因为不知道任何事情,因为除了自己他们什么都不是而高兴。普通的女孩,穿着从超市里买的衣服,她们认为对你残酷是明智的。因为你是那样的不同,你一直孤独地站着。那些普通的女孩呀,从来不会看得更远,远过拴住她们的冰冷的小小的街道。但你是那样的不同,当那些傻瓜们想改变你,想用那些普通世界里的诱惑占有你时,你要说不。"他把年轻人渴望爱情而不可得,彼此隔膜与外界诱惑的矛盾,以及内心孤独却坚硬的独白,抒发得那样淋漓尽致又那样平常朴素。

还有一首《小伙计,现在你怎么样了》,他想了一个在电视里曾经见过的童星,他唱道:"但我现在仍然记着你,自从1969年那个星期五的晚上我就记住了你。对于一个童星来说你太老了,而梦想成为领袖你又太年轻。四季过去了,他们解雇了你,你这个神经质的青年,现在怎么样了?"其实,1969年,莫里西也才只有10岁,和那个小童星一样大小。他在事过经年之后依然对童星的那份牵挂,实在让人感动。那是只有在青春期才会萌生的一种同命相恋的感喟。那种来自下层的同情和关爱,体现了莫里西敏感而善良的心地。他将那一份同情唱得是那样悲悯。

莫里西的歌,唱得总是那样的悲情,他所唱的爱也好恨也罢生活的无奈也好分别的怅惘也罢,都是那样的凄婉迷人,有一种落木惊风、冷雨扑窗的感觉,那种春尽人去,海天愁思正茫茫的心绪,用他那感性的嗓音和很花间派的歌词配合得相得益彰。可以说他自恋甚至自虐,也可以说他顾影自怜,但那种纯英式的地道的曼彻斯特摇滚的风格,那种凄婉悲情已经是印在他歌声中的醒目徽章,虽然过去了十多年,依然显得很纯粹,很受听。

听完莫里西的歌,我在想我国的哪一个歌手能够在风格上和他有些相似?我竟然找不出一个来。我们的歌手大部分是在电视和晚会上培养出来的,他们除了会唱那些主题先行的歌,不是快乐亢奋,就是慷慨激昂,就是不知道什么是感性,什么是悲情,因为不是个人亲身感受过的,便只能像嚼别人嚼过的口香糖一样,口中的歌所散发的永远只是别人的味道,是甜蜜,就永远带上了甜蜜,有口臭,就不可避免地也带上了口臭。如果真的如莫里西一样,在从小长大的"悲伤大街"上感受着那些极具个人化的一点一滴,不管什么人,悲情肯定是多于快乐的。

天堂兄弟

一个人，一把吉他，就那样简单得不能再简单地吟唱。单纯的歌声，单纯的吉他，没有什么杂音，没有什么杂念，有些慵懒，甚至有些信马由缰、散漫无章，一任水从罐子里淌出，流湿了一地，甚至濡湿了自己的脚，还是那样唱着，弹着。歌声有些单调，反复着一种至死不变的旋律；吉他有些醉意似的，晃晃悠悠着声音，炊烟一样袅袅飘荡在空中；眼睛望着远方，焦点却不知落在哪里，一片迷茫，如同眼前草地里的草在风中和阳光中疯长，摇曳的草叶间翻转着一闪即逝的微弱的光斑。

"天堂兄弟"，一个好听的名字，容易让人遐想。最初买这盘磁带时，对它一无所知，就是看到了"Palace Brothers"这个名字，忍不住把它买下了。当时想，还有什么比天堂和兄弟这两个词更美好的组合吗？说"天堂父子"好听吗？说"天堂姊妹"好听吗？说"天堂情人"好听吗？或者说"天堂哥们"好听吗？不是太俗，太硬，就是透着假，都赶不上"天堂兄弟"动听。"天堂兄弟"，确实能够让你遐想悠悠，想起一种比亲情更加美好的人世间的关系，想起遥远的一个你从来没有去过的地方，纯净得没有一点污染。

我相信每一个人的心里都会有属于自己的音乐，在一个特定的时刻和音乐家的演奏或演唱他乡遇故知一般地相契合。这是与生俱来的，从这点意义上说，每一个人都是音乐家。做画家，还需要懂得色彩和造型，做文学家，还需要会编故事，音乐不需要那么多外在的东西，只要你心中想到了它，它就一定能够在你的心中回荡起来，即使一时没有回荡起来，必定有一种旋律在远方等待着你,和你心中的向往遥相呼应,就像树上的叶子,有远方的微风吹来,即使你还没有感到叶子在动,其实叶子已经感受到风的气息了。

"天堂兄弟",就是我向往的那种远方的微风,轻轻地拂来,带来远方雨的湿润和草的芬芳,以及地平线上地气氤氲的蠢蠢欲动。

我真的很喜欢"天堂兄弟",它只是一个人的乐队,独行侠一样行走在摇滚乐坛上,来无影,去无风,人们很难知道他个人经历稍微细致一点的讯息。他有点神秘,缥缈如抓不着的影子。只知道他的名字叫做威尔·奥尔德哈姆(Will Oldham),他的名字虽然还很陌生,但他的音乐很早就回旋在另类摇滚乐坛上了。只是他不愿意抛头露面,一直躲在幕后,为别人写歌作词,将自己的名字融化在音乐里去自得其乐。一直到1993年才独自一人出山,在Drag City唱片公司出版了第一张个人专辑《没有一个人要关心你》。即使专辑出版了,里面也没有关于他自己的任何介绍,甚至连一句歌词都没有印上。有人说得对:"在这个人挤人、资讯快转的焦虑时代,他像是位隐士。"

就男子摇滚中如"天堂兄弟"这样的唱法而言,大概有这样类似的两类,一类如"红房子画家"(Red house painters)和"低"(Low),很舒缓的旋律,很慢的节奏,很内省的音乐,低迷、凄婉,强调个人经历和私密性的感受,弥漫着烟火之气,却也相对格局狭窄一些。一类如尼克·凯夫(Nick Cave),虽然也很感伤、凄迷,但由于受迷幻之声的影响,更加唯美,又由于尼克·凯夫本人的文学修养好,音乐的内容就更加丰富。

显然,"天堂兄弟"属于前者的路子,借鉴的更多的是自拉自唱自说自话的民谣小调,音乐的形式简单,歌词的内容单一,只是个人生活的日记式的记录和喃喃自语式的吟唱。尽管狭窄了一些、自闭了一些,甚至有那么一点顾影自怜和自怨自艾,但"天堂兄弟"的音乐还是让我喜欢。毕竟离我更近些,散漫慵懒,疲惫不堪,风尘仆仆,饮食男女,家长里短,歌哭鬼唱,一律都和我那样的近,那样的息息相通,真的如同你隔壁邻居家的孩子,或是你自己的兄弟。

去年夏天的一个傍晚,一连多日的闷热不雨,天气很燥热,我在离家不远的街上散步,看见两个年轻的小伙子,坐在街头一家早就下班关了门的公司前的台阶上,四周围着好多乘凉的人,他们一人弹着一把木吉他,边弹边唱着随意的即兴小调,旁若无人,很投入、很忘情的样子,尽管四周的人那样热汗淋漓,却一点汗都没有在他们的脸上显现,傍晚昏暗的天光辉映在他们的身上,糅合进他们很忧郁却也很清凉的歌声中,让我想到"天堂兄弟"的歌声大概也是这样子的吧。

听"天堂兄弟",有时,我会想我们的音乐里以前并不缺少这样的民谣小调,周璇唱的《四季歌》等那些歌,刘天华拉的《二泉映月》那样的二胡曲,应该都属于这样的小调,至于陕北信天游里的酸曲,内蒙古的长调短调,还有青海的花儿,其中不少都是这样的小调。只是一到我们的主流音乐里,这样的民间小调就很难找到了。我们可以随手数出鱼甩籽一样多歌手的名字,他们频繁地在我们的电视娱乐节目和报纸的娱乐版上出现,涂脂抹粉地和我们逗着闷子,他们就像更换男友女友一样,上了飞机自以为是要换乘头等舱,以此来增加他们的上镜率和的知名度,但我们真是很难找到他们其中谁是如"天堂兄弟"一样唱民间小调的。一个都没有。我们的电视屏幕上制作了一批又一批的晚会歌曲,我们的唱片公司孵化了更多的那种千篇一律的爱情歌曲,不是愿意走宏大叙事的路子邀宠媚上,就是愿意吃着别人嚼过的馍,透着几分虚假和造作,屈膝于市场和时尚。

我们缺少这样自我吟唱式的小调,是因为我们已经缺少了这样朴素的表达方式。从历史的原因来说,是和我们社会曾经长期处于的假大空有着明里暗里的关系,或是无奈的藕断丝连,或惯性的轻车熟路。从现实的原因来看,是因为数字化时代的到来,让我们个人情感的表达可以轻而易举地被程序化和模式化,我们可以随心所欲地从电脑软盘里找到为我们设计好的所有的文件,也可以手到擒来从各种漂亮精美的贺卡中找到我们所要的标准化词汇,复制出我们所要表达的所有的感情,用快递公司去派送。我们同时也受到流行文化和消费文化致命到骨髓的影响,因此我们更愿意九百九十九朵玫瑰式的和爱你一万年不变的感情的奢靡和空泛的抒发。朴素的表达方式便这样理所当然地被抛弃,真诚便这样轻而举易地被阉割,而本属于私人化的感情当然更方便地就被当成卫生巾一样最频繁地亮相在广告中去轻歌曼舞。

有人说,"天堂兄弟"的威尔·奥尔德哈姆的嗓音有些像尼尔·扬(Neil Young),其实,威尔·奥尔德哈姆的嗓音无论和尼尔·扬,还是和"红房子画家"的马克·科兹里克(Mak Kozelek)来比较,确实都有那么几分相似,但他比起他们来更显得纤细而柔弱,有一阵微风吹来,就可以把他的歌声吹得游丝散尽。他那份呜咽幽怨也是独有的,是化解在那把简单的吉他和他自己淡薄的嗓音里的。而他那种远遁于世的"隐士"般的态度,更是别人不具有的,确实和他简单得甚至有些单调重复的音乐吻合得天衣无缝。他的歌声有点像是风中飘曳的蒲公英,轻若羽毛,翩翩飞舞,有阳光辉映的时候闪着迷惑的金色的柔光,飘在阴影里的时候一身迷途难返的迷茫。

听"天堂兄弟",总会有一种征鸿过尽,万千心事难寄;连天衰草,望断归来时路的苦涩和无奈。

听"天堂兄弟",总会有千里暮烟愁,一川秋草恨弥漫满身的感伤,也总会有红了樱桃,绿了芭蕉的一闪一亮。

听"天堂兄弟",总会涌出断肠人在天涯的共鸣。

听"天堂兄弟",让我想起诺贝尔文学奖得主爱尔兰的诗人西默斯·希尼的诗——

"你就像一个有钱人听到一滴雨声,便进了天堂。现在再听。"

当然,这和有钱没钱无关,只和音乐有关。

天堂里的一场暴风雨

神韵乐队(The Verve)并非尽人皆知,却是英国的一支奇特的乐队。虽然,他们一共仅仅出品了三张唱盘,和那些大牌乐队年年都有新唱盘出不可同日而语,但他们却是以少胜多,盘盘不俗。

《天堂里的一场暴风雨》是他们在1993年出品的第一张唱盘,是非常值得一听的作品。

几年前,我去买唱盘,想买点儿摇滚的听听。那时,我对摇滚一窍不通,但很想尝尝梨子的滋味,听听摇滚到底是什么样子。正巧一个小伙子也在买唱盘,是个行家,便请他帮我推荐几盘。他问我想听什么样的?是英式的还是什么样的?看我一脸茫然一无所知的样子,不再说什么,想是再说也是对牛弹琴吧,便随手挑出一张,天蓝色的封套,抽象的图案,中间一团扎眼的明黄色,像是摇曳着的烛心。他把这张唱盘递给我,说了句:"您先听迷幻的,可能您能接受。"

便是这盘《天堂里的一场暴风雨》。

那时,我没听出什么味道来,尤其是迷幻的味道,甚至他们乐队叫什么名字都没弄清楚,只觉得有的歌挺好听,起码不像有的摇滚那样闹。那时,我实在对摇滚还相当的隔膜。

天堂里的那一场暴风雨,没有淋到我身上一丝雨点。

最近,我一口气听了他们的第二张唱盘《一个北方的灵魂》和第三张唱盘《城市赞美诗》,多少被他们那纯净而忧郁的音乐所吸引,想再找那张《天堂里的一场暴风雨》一起来听听,却这么也找不到了。

他们这支乐队是1990年在英国南部一个叫做维根的小镇成立的,这是一个充满田园风味的小镇,美丽清静得几乎与世隔绝。乐队的四位成员:主唱理查德·阿什克罗夫特、吉他手尼克·麦凯布、贝斯西蒙·琼斯、鼓手彼德·赛利斯伯里,都是来自维根的温斯坦利大学的大学生。一个乐队的成功就像一棵树长大绽开满树缤纷的花朵,需要天时地利人和的种种条件,美丽而宁静的环境和青春的清新气息,造就了他们,给他们的音乐注入了天然神韵的营养液,没有污染的风吹拂着心和歌声一起荡漾,让他们的音乐确实与众不同。当然也让他们的音乐有种遁世的味道,起码在我听来,那种逃避的感觉弥漫在纯净的空气里和馥郁的花香中,还有那飘忽不定的歌声中,带有一丝哀婉凄迷的忧郁是在所难免的。作为摇滚,向世俗挑战向现实攻击,是一种选择;逃避现实远离万丈红尘之外,躲避在自己营造的唯美的迷离梦幻空间,也是一种选择。显然,他们选择的是后者。

后来,我知道他们第一盘《天堂里的一场暴风雨》,就是在南方和他们的家乡维根一样美丽宁静而与世隔绝的康沃尔这个海滨小镇录的音,便会明白他们的音乐为什么有那样一种遁世的感觉,大海和花朵树木的呼吸,毕竟和人的喘息不一样。面对人世间的熙熙攘攘蝇营狗苟,自然的美、纯净和静谧,常常让我们无可奈何地叹息。

将音乐作得这样至美至纯至诚至爱,实在让人感动。他们要想让他们的音乐不同凡响,首先得让他们的音乐不能有一丝杂质,有一点干扰。这样的音乐确实应该是"神韵",他们为自己起的这个名字真好。难怪这第一张唱盘《天堂里的一场暴风雨》出来之后,不为人所知的"神韵",立刻水漫金山般漫溢了整个摇滚歌坛。其实,他们的出现,并不符合当时英国摇滚歌坛的风格潮流和时尚时宜,但他们让人们耳目一新,尤其是他们首次登上伦敦的舞台,那种逼人的青春和现场富有张力的演出,让他们魅力四射,夺人眼目而有种一览众山小的感觉。他们的脱颖而出成为了那一年音乐界的大事,被人们认为将和当年有名的山羊皮乐队(Suede)一起将成为明日的希望之星。人们的预测没有错。

阿什克罗夫特那忧郁而变幻无常的歌声,麦凯布那精彩绝伦超凡脱俗的木吉他,是"神韵"的灵魂,加上鼓点的激越奔放和贝斯那浓重如同海的呼吸,一阵阵涌来,实在让人着迷。谁能想到,就在他们出版了第二张继续好评如潮的专辑《一个北方的灵魂》的1994年，阿什克罗夫特由于女友的离开，他痛不欲生，掉了魂似的，护照一连丢了几个，最后一醉方休麻醉自己，酒精中毒导致全身脱水，送到医院抢救才脱离危险。麦凯布帮助不了阿什克罗夫特，因为这时不仅阿什克罗夫特一人酗酒成瘾，鼓手彼德一样因饮酒闹事而且遭到警方的逮捕，出来后和阿什克罗夫特一样不思改悔，两人常常不穿救生衣就坐上划艇划进深海，拿自己的生命开玩笑不说，实在影响演出和录音的正常进行，为此，麦凯布没少跟阿什克罗夫特争吵，两人的关系越来越紧张，友情终于如弦断裂，乐队只好解散。

　　在这第二张专辑里有一首《历史》的歌，是首悲伤的浪漫曲，没想到成了他们的挽歌，乐队刚刚成立四年，竟一下子成为了历史。据说乐队解散时，只有麦凯布一个人没说什么，独自一人回家和女儿呆在一起，不再轻易动那把木吉他，只是时不时地玩玩电子音乐。

　　对于艺术家来说，甜美的爱情和不甜美的爱情，都有可能是艺术的腐蚀剂。只是因人而异，有的可能是被甜美的爱情糇坏了嗓子，有的却可能是被不甜美的爱情刺伤了心。阿什克罗夫特这一次显然属于后者。音乐这只小鸟为爱情之箭射中，竟如此不堪一击，"神韵"就地倒下，鸣呼哀哉。

　　如果不是1997年"神韵"重组，再次亮相摇滚歌坛，也许他们真的昙花一现，寿终正寝了。不过，一个曾经把音乐看得那样神圣的乐队，甘心因为爱情和友情放弃音乐，大概是不可能的，因作为一个真正的音乐人来说，只有音乐才是唯一的，才是第一位的。

　　1997年，这一年阿什克罗夫特决心复出，在心头拂拭不去的音乐，肯定又如迷失在暴风雨中的船扬帆归来，是其重要的因素，但我以为，另一个不可忽视的因素，是阿什克罗夫特又恋爱了（一个乐队的键盘手），爱帮助阿什克罗夫特让音乐复活。

　　这一年，阿什克罗夫特已经作好了五十支歌曲，憋足了劲就等着重整雄风。他找到了老朋友鼓手彼德和贝斯西蒙，惟独没有去找麦凯布，想想当初两人的不欢而散，自尊让他放不下面子。他先后找了几个吉他手顶替麦凯布的位置，却怎么也找不着感觉，就像全身的衣服都穿戴好了，就是贴身的衬衣不合身，伸胳臂动腿都觉得别扭。他心里明白是因为缺少了麦凯布，缺少麦凯布那出神入化的吉他，乐队就不再是"神韵"，就好象缺少了星星的夜空就不再是真正的夜将音乐作得这样至美至纯至诚至爱,实在让人感动。这样的音乐确实应该是"神韵",他们为自己起的这个名字真好。难怪这第一张唱盘《天堂里的一场暴风雨》出来之后,不为人所知的"神韵",立刻水漫金山般漫溢了整个摇滚歌坛。

空,只能是一片黑暗一样。他必须找到麦凯布。他找到了麦凯布。其实,麦凯布也在等着他,会面后,一切前嫌便都冰消雪融了。

爱情和友情,给"神韵"插上了一对飞天的翅膀,让他们再次起飞。他们出版的这第三张唱盘《城市赞美诗》,是他们的颠峰时刻。第一首歌《又苦又甜的交响乐》就那样动听。手风琴声中夹杂着的婉转的鸟鸣,电子乐作出交响的效果,浑厚的背景里那种浩淼、强有力的鼓点和悠远的贝斯中出现的阿什克罗夫特的歌声,唱得格外开阔,有种高空作业的俯视感觉,身后是湛蓝湛蓝的天空,真是让人提气。一直到最后一首歌《快点》,结尾时手风琴声中竟然出现细微的婴儿啼哭声,一阵阵如天籁之音,和开头曲的鸟声遥遥呼应着、共鸣着,一种以前"神韵"里没有的自然之声,让人听了心旷神怡,忍不住想起他们的故乡,那远离尘嚣亲近自然的小镇维根,以及录下他们第一张唱盘的海阔天青的康沃尔。就像在这盘《城市赞美诗》中那首歌手以略带忧郁的平静所唱的《一天》:"一天或许我们再次跳舞,在蓝天之下;一天或许你会再次爱,爱将永远不会死去……"

爱情和友情将永远不会死去。这是没错的。虽然"神韵"再次分手各奔东西。

据说,阿什克罗夫特今年再次出山,只是这一次是自己单挑,出版了他的唱盘,名字叫做《独自面对所有的人》。他有着他从来没有过的勇气。只可惜,虽然依然有着他俊秀的面容和他忧郁的歌声,他的这张唱盘却没有得到什么好评,面对上一张"神韵"的巅峰之作,独自面对所有人的阿什克罗夫特,没有给人们带来什么新意。

人们说,他再一次跌入爱河。

按以前的惯例,阿什克罗夫特的音乐是和爱情连在一起的,但这一次爱情没有帮助他。因为帮助他的音乐飞翔的双飞翼中的另一只翅膀——友情,他到底还是缺了。

"神韵"乐队,就这样离我们远去。

据说,阿什克罗夫特本来定好要到美洲去巡回演出,现在说是因病无法前行了。缺少了老朋友尼克、西蒙和麦凯布的阿什克罗夫特,无法独自面对所有的人。

天堂里的那一场暴风雨,已经属于过去的记忆。

不要在地铁里睡觉

1995 年的彼得·莫菲(Peter Murphy)和 1979 年的彼得·莫菲不一样，和 1983 的彼得·莫菲也不一样。他没有了在《平地》和《天旋地转》或《内部燃烧》中的低沉和黑暗，伴奏音乐似乎也少了一些喧嚣和阴冷，显得动听而且丰富了许多。不知为什么，听起来，彼得·莫菲的声音更浑厚迷人了。如果把背景音乐去掉，会越发动听，流畅得很，他似乎从原来的一条夜色中浑浊的河水，在自己不住的流淌中变成了一道阳光下清澈的瀑布，毫无遮拦地倾泄下来，水珠四溢，让人感到清凉了许多，湿润了许多，惬意了许多。

不知为什么他会有如此的变化，也许，只是我听时感觉的变化，彼得·莫菲还是彼得·莫菲，并未真的洗心革面。不过，听音乐，还是要相信自己的感觉，哪怕很主观，却一定很准确。彼得·莫菲的嗓音确实变化了，变得动听得多了。就像岁月能够将一株树木或变得绿叶葱茏枝干挺拔或变得树皮老皱枝叶凋零，当然也能把一个人的嗓子改变了样子，就像一株树慢慢地长大。

彼得·莫菲的嗓音本来就很有魔力，弹性十足，如今变得更加成熟，更富于男人味了。比起 1979 年他和伙伴成立"包豪斯"(Bauhaus)乐队时和 1983 年解散"包豪斯"时，彼得·莫菲确实显得成熟了，我明显感到他嗓音的变化，从嗓音确实能够看出一个男人的成熟。如果说以前像是萋萋野草，虽然曾经尽情地摇曳在蓝天骄阳之下和畅快淋漓的长风之中，现在已经长成了一株粗壮的树，年轮不动声色地刻进了自己的木纹之中，也渗进自己的嗓音里。那是一种从小伙子变成了男人的味道，也许更能够被我所接受。是那种嘴唇很厚、胡须扎人、胸膛宽阔、目光如炬的男人，绝不奶油，也不是那种西服革履上衣袋口特意装一朵花或装上喷洒了香水的手帕的男人，更不是那种一身囊膪皮带只能系在肚脐眼下面的男人。

在英国摇滚音乐史上，"包豪斯"是 80 年代一支重要的乐队，他们注重音乐的效果，将歌剧、戏剧、芭蕾、电影恐怖片的效果统统结合起来进行实验的音乐，实在是迷倒了一批人。作为"包豪斯"的主唱，彼得·莫菲一直是整个乐队的主宰和灵魂。他的生命力是那样野草丛生一般的旺盛，解散"包豪斯"后，他单飞至今依然魅力不减，而且在不断变换着自己的风格，这样的音乐轨迹，并不是每一个歌手都能够划得出来的。

不过，对比"包豪斯"而言，我更喜欢今天的彼得·莫菲，他不再那样的冷漠，他的感情色彩变成暖色调了，明显地表现在他的歌声和音乐里。当然，并不是浓艳的那种感情，而是有节制，有点看破春秋演绎的劲头。在我看来，是日子已经沉淀下了许多以往的黑暗阴沉和喧嚣，让水流呈现出一些少见的透明和蔚蓝。

当然，也可以这样说，他似乎更向流行靠近，失去了原来摇滚的色彩和力度。有时候听着听着会觉得忽然有那么一点约翰·丹佛的味道，这感觉很奇怪，也许只是一时的错觉。但明显民谣的特点，是不会错的。说彼得·莫菲向现实靠拢，向抒情投降，也不会错。听他的有些歌，那样昂扬向上，一种透明的心态，一种戴着太阳镜驾驶着敞蓬汽车开足了马力飞奔在高速公路上的感觉，快速的风和路旁的树一起水流一般从身旁兜过，心里和歌里明亮的感觉一并犹如头顶上的天空。只有在高音区上，才泄露了彼得·莫菲的本色，到底没有约翰·丹佛的那种高遏云天的特有明亮，显得多少有些浑浊。

我听的这盘磁带是 1995 年的出品，名字叫做《小瀑布》。我非常喜欢听里面的一首叫做《地铁》的歌，他唱得格外温情脉脉，一开始就那样缓缓低飞如同飞机要平稳安全着陆到家的感觉，充满着他歌中少有的温馨，让我觉得不认识他一样，不敢相信他居然也能唱这样温情的歌。他反复地唱道："不要在地铁里睡觉，不要在倾盆大雨里睡着。"真的让我感动，像是很少听到的一种叮咛，尤其是在冷漠如冰的今天，在熙熙攘攘人流如潮的拥挤中，在擦肩而过的匆忙的地铁里，这种叮咛是那样感人而清新。他接着这样唱道："恨是一种罪恶，这条道很窄，像冰一样薄，我们却可以在这里的某一个地方遇到。"

我确实得佩服彼得·莫菲,他能够准确地捕捉得到生活中微妙的瞬间,让我们在某一个地方和他不期而遇,听他为你唱出那难得的温情和叮咛、宽容和期待。他不是那样大而化之,不像我们的不少歌,常常只是色彩艳丽的名词和形容词垒加的空洞,而是浓缩到最能够打动人心的一点上,让他的歌声飞溅出魅力四射的水珠,湿润着我们麻木而干涸的心。

听这首《地铁》,总让我想起无论是在东京在巴黎还是在我们北京的地铁里,司空见惯的那些在摇摇晃晃的车厢里的人们,也总让我想起吕·贝松导演的那部叫做《地铁》的电影,镜头里那些奔忙如鲫的人流,冷漠如木偶的面孔,震耳欲聋的地铁的穿梭不停,那对生活的回避,对现实的逃离,流浪的孤独,漂泊无根的无奈,还有那里面的一支摇滚乐队……便总会叠印着彼得·莫菲的影子,情不自禁地跳跃进彼得·莫菲的这首歌中来。那种日子对人生的重压,一天的繁忙对人心的蚕食,地铁车轮撞击铁轨的单调声响,正是对人疲惫麻木和昏昏欲睡状态的最好伴奏。仿佛他就在电影里,就在地铁西直门或东直门站的哪一个角落里,抱着吉他,悄悄地唱着这首歌,告诉你:"不要在地铁里睡觉,不要在倾盆大雨里睡着……"

在这盘磁带里,还有一首歌,叫作《宽恕的雨》。歌中他唱着和《地铁》同样的主题和旋律:"你愿不愿意和我一起散步,如果我跑开时,你会不会原谅我?你会不会从河的那边游过来?让我们成为在宽恕雨中跑来的人,当我害怕穿越河的时候,请当我的桥。"宽恕和宽容,原谅和理解,关爱和呼唤,竟变成了他的歌的主旋律。

这盘磁带的最后一首歌是《希望》,他唱的还是这样的主旋律。他用一连串排比式的语句,将希望唱得非常朴素、迷人而感人,让人听着是那样亲切自然:"我希望这是春天,我希望这是你的房间。我邀请在你的篱笆外徘徊的乞丐。我希望我是你的树,我希望我是向你鞠躬致意的一缕烟。我希望我们穿上快乐的大衣,我希望我们在海滨有海风吹拂,我希望我是你的镜子,给你我的魔杖。我希望我是你的镜子,是你美好的阳光。我希望是一个流浪汉,住在你的土地上。我希望我是一个爱尔兰的修鞋匠,从你的手中接过玫瑰汁的芬芳。我希望我是一个乞丐,等待在你的门槛上……"

听着他这样的歌,会很自然地想起裴多菲的那首名篇《我愿意是急流》:"我愿意是急流……只要我的爱人是一条小鱼,在我的浪花中快乐地游来游去……"或者想起我国青海的民歌:"我愿意是一只小羊趴在他身旁,我愿意是他拿着皮鞭不断温柔打在我身上……"无论哪个国度,人们表达自己的感情的方式连同习惯用语竟然都是如此的相似,就像水流一样,不管是从遥远的哪里流来,都能够迅速地找到汇合点流到一起来。音乐无疑是最快捷的沟通方式之一,歌声便是连接起我们相互走近的桥。可以清晰地看出,彼得·莫菲向民间靠近的姿态,他确实像是一缕弯腰鞠躬的烟。这是一个贴切的比喻,是彼得·莫菲的一幅写意的素描。

还有一首《野鸟群向我靠近》,我也很喜欢。在这首歌里,他唱得有些奇怪:"一个有蓝眼睛的孤独的男孩,头发滑到了地上,从文字中读出了语气,从一个他自己的国度里,所有的嘴唇都像一个波浪……你是羔羊,你是国王,你是太阳,你为什么要躲藏?你像画挂在墙上,没有人看见你的光亮。你只在我的视野里,你年轻的泉水,像火焰里诞生的飞蛾,带着我们穿过屋顶到蓝天上……"然后,他在最后莫名其妙地唱道:"野鸟群向我靠近,为了伙伴而高唱着摇滚。"

他好像从现实的《地铁》中,一下子飞到野鸟群漫天飞翔靠近的幻想之中,你弄不清他的野鸟群到底象征着什么,为什么要向他靠近。但无论现实也好,幻想也好,野鸟群也好,飞蛾也好,抑或是在歌中多次出现的地铁、桥、雨、刀子、小瀑布……一个紧接着一个的意象(不知为什么在这盘磁带里出现了这样多纷披的意象),彼得·莫菲和原来的样子确实不大一样,我能够感觉到他的心并不因不再年轻而磨出厚厚的老茧,却更为平实平易,而且还没有失去幻想和向往,在他的心中一下子放飞出这样多缤纷的意象,像是放飞出一只只洁白的鸽子。一个唱了二十年的歌手,能够做到这样算是很不容易了。

也许是年龄的关系,我更能接受现在的彼得·莫菲。在这盘磁带中,音乐做得也不错。特别是背景里的回声,非常漂亮。在以前"包豪斯"时代,也曾经出现过回声,比如在《天旋地转》里就有回声,但现在的回声变化很大,而且富有感情色彩和音乐本身的丰富的色调,或高或低,或远或近,或迟或缓,或扬或抑,回声此起彼伏,和他的歌声呼应得异常和谐,让你忽然觉得他的歌声像是在回声中荡漾的船只,那些回声像是远航归来的船帆前迎来了漫天飞翔的海鸥,透明的翅膀上驮着清凉的晚风温暖的晚霞,一起辉映在船头和水手的身上。在那激越的鼓声和电子合成器制作出的浑厚效果中,显得格外出色和明亮。那种感觉是一路平安的归来,是风荡漾起海浪一层层雪白的浪花亲吻在港湾的堤坝前,化为一弯波平浪静。

在这盘磁带的封套里,有一页满满地印着一个小男孩的照片,而彼得·莫菲和伙伴的合影只占着偏僻的一角,可以看出他对这张照片的重视。金发小男孩笔直地站在刻有红十字的门前,身穿白衣黑短裤,胸前背着一条宽宽的绶带,双手合十,明亮的大眼睛望着前方。不知道这个男孩子是不是《野鸟群向我靠近》里的那个蓝眼睛的孤独男孩子,是不是那个能够从每一个嘴唇看到一个海浪的男孩子。不管是不是,这种虔诚纯洁的感觉,正是彼得·莫菲心中的向往和渴望。他有意用这张照片为他的歌声做了形象的表达。

真的,无论什么时候,只要一听到"不要在地铁里睡觉",不要说是歌声,哪怕只是一句轻轻的诉说,也足以让人感动的了。现实的生活里,除了自己的父母,谁还会在意这样一句"不要在地铁里睡觉"的嘱咐和叮咛?就是自己的亲兄弟姊妹也都在各自的奔波之中,人们变得越来越自私越来越现实,就像罗大佑唱的那样:"人们变得越来越有礼貌,可见面的机会却越来越少。"客气的礼貌,并不是真正的关心和爱,生日的豪华蛋糕和九百九十九朵玫瑰,代替了日常琐碎一点一滴的关照。温馨和温情,已经被挤压得如同人们品尝咖啡时壶底的碎末或嘴里含过的干话梅核,可以随手扔掉。谁还在乎这样一句话?

而彼得·莫菲却在经历了人生沧桑之后,抱着一把吉他,站在喧嚣拥挤的地铁的角落里,轻轻地为你在唱着:"不要在地铁里睡觉,不要在倾盆大雨里睡着……"我们应该为他而感动,值得停下脚步听一听他的歌唱。

"赶时髦"的二十年

一个乐队坚持了二十年,就像是一些朋友相处了二十年,并不是那么容易的事情。二十年,不是一个简单的数字。二十年,走过了一个人整个的青春时代,一个人一生中最宝贵的年华。不用说别的,大家还能够在一起,就不是一件容易的事情。更何况,他们还能够唱那么好听的歌,而且,唱得一点不比二十年前差,甚至更好听。容易吗?

我最初听"赶时髦"乐队(Depeche Mode)时就是这种感觉。我听的是他们1990年的《违反者》、1993年的《信仰和奉献之歌》和1997年的《极端》三张唱片。《违反者》已经不错了,其中的《夜晚的等待》、《享受寂寞》、《私人耶稣》就很好听了;再听《信仰和奉献之歌》,尤其是听到《犹大》这首歌,更好听,不停地唱着"假如你希望我的爱"这句歌词,一遍又一遍不厌其烦地重复着,加入了女声的伴唱,最后加入的男声,像是突然从各个地方冒出了泉水,喷涌不尽,千曲百回,柔肠寸断,是摇滚里少有的唱法,实在是让我的眼睛一亮;当听到《极端》后,眼睛就更亮了。听到最后,几乎曲曲动听,《爱贼》、《家》、《它不好》、《无用》、《夜晚的姐姐》、《感悟》……还是老主题,唱得却依然动听,随意之中依依的舒缓吟唱,仿佛老朋友在夕阳下温暖的聚会中把许多往事兜上心头,诉说不尽,或欲说还休。

年轻时是多么的美好而令人回忆。年轻时该有多少梦想星辰般璀璨地开满天空。1980年,他们在英国东部巴西尔登成立了这支"赶时髦"乐队,当时只有文斯·克拉克、安迪·弗莱彻和马丁·戈尔三人,是那种很简单的贝斯、鼓和吉他的三重奏，他们没有想到就是这样简单的乐队有一天会震撼整个英伦三岛乃至世界。当戴夫·加恩作为主唱加入他们的乐队，他们就如虎添翼，更加威风凛凛。那时，他们才都十八九岁，音乐是他们的梦想，也是他们挥洒青春的娱乐。他们买来极便宜的廉价计算机和电子合成器，便开始将简单的三重奏变成了摇滚，一切就像是孩提时代的搭积木或鸡变鸭的魔术，那样好玩、神奇，音乐就那样渐渐地长成了一棵开满芬芳花朵的大树。年轻时怎么能不美好？年轻的友谊和音乐一起开始启程，怎么不令人向往？

很明显，他们的音乐来自民谣的营养。戴夫·加恩的简单而随意的吟唱，更有些街头和酒吧演唱的味道。谁能够在当时想到就是这样的简单吟唱，竟然一下子进入了英国的排行榜，从开始的五十多位进入到二十几位。他们才真的是早晨八、九点钟的太阳，一天天蒸蒸日上。

我想，并不只是如我这样一把年龄的人能够接受并喜欢这样的音乐，年轻人照样也喜欢这样的音乐。这说明摇滚需要缤纷多彩，说明有时简单并不是单薄而是一种单纯的境界，对比汹涌和浑浊的水流，清浅的溪水和清澈的泪水是另一种选择。有时我们需要大江东去浪涛惊岸对天长啸，发泄一下胸中的郁闷而狂喊几声怒吼几下，但我们有时也只需要发一声喟然的叹息，需要这样轻轻的浅吟低唱。

"赶时髦"的音乐适合几个朋友坐在家中慢慢地听，一个人听的效果也会不错。如果是夜晚会更好，如果是下雨或下雪的夜晚就更好，如果再有几瓶酒就着戴夫·加恩的歌当下酒菜，喝的听的一并脸红耳热就更好。

有句俗话说是年轻时不懂爱情，其实也可以说是年轻时不懂友情。"赶时髦"成立才一年多，四个年轻人势头正好的时候，富有才华的贝斯手克拉克突然退出了乐队，去另组乐队。在此之前乐队的音乐都是他的创作，他一走，乐队塌了半拉架子，元气大伤，不少人以为"赶时髦"很难再时髦下去了，甚至得垮台。这时，马丁·戈尔挺身而出，担纲出任歌曲创作的角色。同时，另一个年轻人叫艾伦·怀尔德替补了克拉克在乐队的位置，也算是进出平衡吧。摇摇欲坠的乐队也才多少得到了一些平衡。只是马丁·戈尔开始写的歌曲没有得到听众的认可，直到两年后他写出了《人总是人》、《每一条罪状》几首新歌，才彻底让乐队稳定，像是一艘颠颠簸簸的小船又扯起风帆乘风破浪起来了。

就凭着年轻的这股尽头，就凭着这样简单却富有浪漫色彩的吟唱，"赶时髦"乐队在 90 年代越发红火起来。他们的唱片轻而易举地畅销,他们的歌曲随心所欲地进入排行榜的冠军,他们走马灯地似的在世界各地进行巡回演出。他们风光无限,风头出尽,成为了新一代年轻摇滚迷的偶像。他们在热浪般的掌声和欢呼的簇拥下飘浮在成功的云端。

他们毕竟还是年轻,他们没有老人睿智的先见之明,不知道糖吃多了不甜,他们不知道就在这时候潜伏的危机正在四散。1995 年的元旦,在艾伦·怀尔德生日的这一天,谁也没有想到他宣布退出乐队。紧接着,一直陷在吸毒中而难以拔身的主唱戴夫·加恩自杀未遂。乐队这艘小船竟然一下子在鼎盛之时千疮百孔,他们的友情再一次面临着考验。

有时,想一想,一个乐队坚持下来,真是不容易。他们没有铁饭碗,或挂靠一个单位。在密植的摇滚界,他们野草一样自生自灭,没有新歌新唱片就会被喜新厌旧的歌迷遗忘,是太平常的事情。一个仅仅四个人的乐队,突然失去两员大将,这阵实在是没法子布了。"赶时髦"乐队沉寂了两年多。

我对"赶时髦"乐队所知不多,仅就我所了解的这一点点情况,他们也算是多灾多难的了。不过,不少摇滚乐队和他们的情况差不多,吸毒在摇滚歌手并不鲜见,因为利益分配声誉平衡等等原因,乐队成员分道扬镳的也不在少数,于是,半路夭折的便也就屡见不鲜,摇滚界里的人比文学界里的作家还要各领风骚三两年就蒲公英一样四处飘散,连个人影都找不着了。不过,赶时髦乐队比这些流云一般的乐队命运要好,两年之后,1997 年,他们大难不死,戴夫·加恩、安迪·弗莱彻和马丁·戈尔又走到了一起,他们三个人推出了新的唱片,就是我听的那盘《极端》。他们的音乐和友情一并重新光彩照人。历经磨难的乐队三人驾驶的小船终于再一次驶出浅滩,潮平两岸阔,风正一帆悬。

听说,今年,"赶时髦"乐队又出了一盘叫做《兴奋剂》的新唱片,可惜,我还没有买到,不知道唱得怎么样。不管怎样,也是值得一听的。只要想一想,一个乐队的人数再少,心思也不会像是旗子似的顺着风的方向往一面吹,按下葫芦起了瓢发生矛盾是自然的,更何况唱摇滚的都是个性极强的人,能够走到一起,坚持走了二十年,并不是一件容易的事情。

走了二十年,音乐和友情就都走出了厚厚的老茧。

死亡并没有结束

在摇滚歌坛中,真是有一些文学素养极高的歌手。他们不是那种文化水平只表现在龙飞凤舞地给歌迷们签字上面,除了歌词没有读过其它什么诗,除了唱别人写的歌词便没有自己写过一首歌词更别提一首诗的歌手。以为仅凭着一副嗓子再加上一张漂亮的脸蛋就可以闯遍天下,是不少这类歌手对音乐的误解。

尼克·凯夫(Nick Cave)在这方面应该是他们的老师。他在唱歌的同时还曾经出版过《国王的墨水》和《驴见到了天使》两本书,前者是他的散文集,包括他创作的歌词和一个独幕剧,后者是他的一部被严肃评论界称之为"现代史诗"的长篇小说。他不是那种只会出版写真集或雇佣枪手写用化妆术涂抹过的那种自传的歌手。他一手拿着笔,一手拿着吉他,文学和音乐在他的心中盛开出并蒂莲。不敢说在摇滚歌坛中他的歌文学性最强,但我敢说他的歌中那种独有的叙事性确实是别人难以企及的。有谁能够在一张唱盘中集中一个主题一口气唱出十个故事来?或许叙事不是音乐的所长,圣桑早就说过:音乐起于词尽之处。但他却偏要拿文学之矛攻音乐之盾,在一盘叫做《谋杀的音乐》的唱盘中,一连唱了十首关于谋杀的故事,其中一首《奥马雷酒吧》竟然把一个故事唱了十五分钟之久。

这位出生在澳大利亚的歌手曾经是澳大利亚摇滚史上的风云人物,他所组建的"生日聚会"乐队(Birthday Party)80年代初期出道时是以哥特式风格著称,那种恐怖狂暴乖戾的重金属般的歌声,横扫当时摇滚歌坛,被称为"后朋克

死亡并没有结束

时代最无序和野蛮的音乐",足足闹腾了好几年。只是后来他不满足于这种原始情感宣泄的音乐,开始向布鲁斯、民谣学习,同时向歌剧学习,让自己的文学天分渐渐得以发挥。1984年,"生日聚会"乐队解散,他成立了"尼克·凯夫和坏种子"乐队,出版了第一张唱盘《从她到永恒》。这张唱盘获得好评,德国导演威姆·温德斯导演的当时风靡一时的电影《双翼的欲望》中就用了《从她到永恒》作为主题曲,并邀请尼克·凯夫在电影里现场演唱,让尼克·凯夫又出了一次风头。1985年,尼克·凯夫出版了第二张唱盘《头胎已死》,从名字就可以看出他不满足于过去而求新求变的迫切心态。1988年,他遇到后来成为他妻子的维维安·卡内罗。1990年出版的新唱盘《好儿子》,风格忽然变得和"生日聚会"时截然不同。在我听来,一种过去所没有的旋律性、亲和性和文学的叙事性,在这唱盘中初露端倪。谁也无法否认一个人的经历总会在他的作品中打下烙印并能雕刻般将其改变成一副新的模样。

《谋杀的音乐》是1996年的出品,它确实是一盘不仅尼克·凯夫从未有过的也是所有摇滚歌手没有过的音乐。只有尼克·凯夫才会有,因为他不仅懂音乐,同时懂文学,他将这两者成功地嫁接在这张唱盘中。这实在是张非常出色的唱盘,他用他那沉郁而带有苍凉感的歌声为我们叙述了十个令人心碎的故事。他是那样杰出地发挥了自己的文学潜质,运用了歌剧的元素,融合了艺术摇滚的特点,将唱盘制作得非凡无比,让人听得感动。十个并非一般的故事,而是十个和凶杀有关的故事,一唱三叹,回旋不止,激荡不已。虽然都与谋杀和暴力有关,但他并没有唱得晦暗或唱得凶残,而是将他对暴力的憎恶,对死亡的怜悯,对善良的渴望,倾诉得那样一往情深,旋律性极强的歌唱得那样心神俱碎。他用自己的良知为我们捧出一束聚集在一起的花束,置放在那些因暴力死亡的无辜者的墓前。那一束鲜花因颜色浓郁而像愤怒膨胀的心,格外令人瞩目而心动。

尼克·凯夫又特意请来女歌手PJ·哈维、凯莉·米诺格、阿妮达·莱恩和自己对唱,给这盘唱盘增色不少。几位女歌手实力不凡,唱得非常动听,和尼克·凯夫配合得异常默契,像是刷上了一层明亮动人的底色一样,衬托得尼克·凯夫的歌声剪影般地突现而越发凄美迷人。尤其是PJ·哈维,这位90年代另类摇滚歌手的代表,嗓音和唱功都是美不胜收。我特别喜欢听唱盘里《野玫瑰在哪儿生长》和《死亡并没有结束》两首歌,男女对唱,此起彼伏,委婉不尽,听得人只想掉泪。前者的弦乐和钢琴伴奏,尤其让我耳目一新,是在摇滚中少有的。柔软而优美的弦乐,增加了音乐的抒情性和丰富性,间或出现钢琴的跳跃,清亮的水珠一样溅起几分感伤的色彩;男女声起伏摇曳,让人想起那随风起伏到遥远地平线的草原,橙红色的落日中归家的黑鸟成片地飞进日头的阴影里,鸣叫得像是哭一样飘荡在风中,跌落在草原里,撕扯得人肝肠寸断。

《死亡并没有结束》是这张唱盘里的最后一首歌。没有我们听惯的那种愤怒已极嘶鸣呐喊式的高潮,将歌声和乐队一起亮相,让架子鼓尤其击打得漫天轰鸣震耳欲聋。男女声就是那样反复地吟唱着,唱着唱着,歌声没有了,只剩下了音乐的伴奏。渐渐的,伴奏的音乐也越来越轻,然后便突然地消失了,就像一个人突然地走到了悬崖边无声无息地掉了下去,或是一步步走进了海里,悄悄地被一簇簇涌来的浪花淹没,消失得没有了一点踪影。袅袅的余音未尽,让你忍不住垂下头来,回想着那句歌词:死亡并没有结束,死亡并没有结束!歌声还顽强地弥漫在周围的空气里。

为何我唱布鲁斯

民间音乐的生命力,有时旺盛得让我们吃惊。它们就像一条从遥远的历史河流中游来的鱼,既可以存活在出土的古老瓷器的图案里,想象在遥远的岁月里;也可以出现在现实的时间里,振鳍掉尾活灵活现在我们面前。它们活在两个时空中,游刃有余,呈对称的两极,辉映在音乐之流中。

美国的蓝调音乐即布鲁斯,大概是美国也是全世界最富有生命力的民间音乐之一了。

听到美国的布鲁斯,我会很自然、很感性地想起密西西比河上的天空、德克萨斯州的田野、路易斯安纳的林区……那里是蓝调音乐的发源地,就像肥沃的土壤一定会生长茁壮的森林和牛羊一样,那里生长着绵延至今的蓝调,蓝调是那里盛开的忧郁的勿忘我似的不败的蓝色花朵。

听到美国的布鲁斯,我也会想起电影《飘》和《汤姆叔叔的小屋》,那里面黑人奴隶们在南方炎热的土地上痛苦劳作时的歌唱,那种或是独自忧伤的呻吟,或是群体低沉的合唱,实在是有种比哭泣更让人撕心裂肺的感觉,那种音乐飘荡在空中像是无所不在的云的流浪,始终笼罩在我们的头顶,飘落下来便像是雨水渗透进土里石缝里一般,一点一滴地渗透进我们的心里,烈酒一样发酵在我们的心里。除非我们的心是一个大漏勺,我们不会不为它湿润为它盈满感动的泪滴。

记得刚上中学,我在学校里朗诵过一首诗叫做《在密西西比河,有一个黑人的孩子被杀死了》。我想,那飘拂在密西西比河上空被残暴害死的黑孩子不屈不死的灵魂,该就是布鲁斯的旋律吧?

即使时间过去了那么久,只要一听到布鲁斯,我的脑子里总还是立刻就想起了那个死在密西西比河里的黑孩子。我相信许多人听到布鲁斯没有想起那个黑孩子,也一定会想到美国的黑人,想到美国的南方,就像一听到《紫竹调》和《茉莉花》立刻就会想到我们杏花春雨的江南一样。民间的音乐即使不是和民族的记忆联系在一起,也是这般和自己的土地紧密联系在一起的。

那种挥洒在南方热辣辣的种植园里的汗水和音符搅拌在一起,那种淤积在一代代奴隶心头的愤怒和旋律搅拌在一起,那种收工在夕阳西下时分的火烧云下的尽情的宣泄和节奏搅拌在一起,或者在夜晚昏暗的酒馆里或者在燃烧的篝火旁那一醉方休的饮酒和疯狂的跳舞踢踏得泥土飞扬的节拍搅拌在一起……我猜想,布鲁斯应该就是在这时诞生的吧?布鲁斯的诞生,不是为了高雅或高贵,布鲁斯首先是和悲伤是和痛苦联系在一起的。它不是那种必须要身穿晚礼服喷洒着香水珠光宝气去欣赏的音乐,它只是那种赤着脚光着胸膛在烈日下热汗流淌的奴隶们的音乐,是那种喷涌着酒气和劣等烟草的烟味以及南方伐木林区和种植园泥土和腐殖质的气息混杂在一起的音乐,是那种砍刀和锄头碰撞、汗珠和血滴相涌、内心呼喊和口中宣泄交织所一并发出的尖利如同荒野上嚎叫的狼一般的音乐。布鲁斯的音乐从来打上的都应该是下里巴人的印记,如果打上了假贵族或伪诗人的徽章,就一定不再是真正的布鲁斯。

那些从非洲移民来到南方这块土地上的黑人奴隶们,把开垦和收获连同辛酸和音乐一起带到了这里,播撒进泥土里开放出布鲁斯这朵勿忘我的蓝色花朵来。经由班卓琴、曼陀铃和小提琴的交融,尤其是吉他的加入,布鲁斯犹如一个姑娘恰逢其时的成熟,有了经血一般有了气韵有了养殖的生命力,将曲线流溢的身段和丰满的情致荡漾在我们的面前,无数美丽的布鲁斯歌曲从密西西比三角洲繁衍并星星一样遍布开来。

我所了解的布鲁斯的知识很少。小时候,说起布鲁斯,我只知道保罗·罗伯逊,他也许不能算真正的布鲁斯,不过那纯粹男低音的歌唱,即使几十年过去依然清晰在耳,而且是以后再也没有听到过的男低音,更重要的他是一个黑人,我便不由地把他和布鲁斯联系在一起而自认为是我第一次听到的布鲁斯了。后来,渐渐地长大以后,我知道了汉迪,知道了他那有名的《孟菲斯布鲁斯》和《圣路易斯布鲁斯》;知道了布兰德,那首动听而深情的明尼苏达州的州歌《带我回到老弗吉尼亚》,就是他的杰作。

再后来,我知道了B·B·金。

说实话,我对B·B·金一无所知,只是在今年的格莱美奖的获奖名单中看到了B·B·金。我不知道其实早在1987年格莱美就给他一个终身成就奖。我问儿子,他说:"你问B·B·金呀,'老泡儿'啦!"我才知道,这位出生在密西西比的布鲁斯大王今年已经76岁了,是够老的了。在老一茬的蓝调歌手中,他几乎成了硕果仅存的一位,说他是布鲁斯的一块活化石,大概不为过。从40年代一直唱到现在,横跨了半个多世纪,从一个比尔大街的布鲁斯男孩(因为比尔和布鲁斯的英文单词Beal、Blues开头各有一个B,所以后来简称为B·B·金),到如今白发苍苍,还没有一个摇滚歌手能够像他宝刀不老唱了如此长的岁月(鲍伯·迪伦算是摇滚的常青树了,也赶不上他的时间长),唱得歌声和时间一并如雪斑白锁定在布鲁斯的歌声中,不是活化石是什么?

那天,我去买磁带,说起B·B·金,卖磁带的小伙子惊奇地问:"您买B·B·金?"再一问,才知道现在听B·B·金的人已经很少了。新的蓝调大王频频出现,谁还在乎一个老头子?

不过,小伙子很热情地对我说:"我这儿还真给您准备着两盘B·B·金的磁带。"——一盘B·B·金的专辑,一盘B·B·金在库克郡监狱的现场演唱会。

我请教小伙子,请他为我推荐其中的一盘。他想了想,把那盘在监狱的现场演唱会的磁带递给我:"您还是听这盘吧,布鲁斯的演唱,即兴的成分很强,听现场更有味道些。"

小伙子说得很行家,即兴性和民间性,是布鲁斯的双飞翼。听布鲁斯,当然是现场更见水平,现场的气氛有助于歌手的发挥,布鲁斯音乐本身就有即兴发挥的成分,一把抱在怀里的吉他就像是一个不安分的女人,时时被歌手撩拨得如蛇扭动,生龙活虎,风情万种,随着他的歌喉一起交欢,云起风动,出神入化。

这盘现场演唱会的磁带,是B·B·金1980年的制作,那一年,他55岁,正值壮年。他的嗓音非常洪亮,嘶哑的嚎叫都是那么底气充沛,和沸腾的听众的对唱对说此起彼伏,气氛很是热烈,让人想起与布鲁斯发蒙时期那种歌乐呼应的幽幽韵律和从心底发出的激情。

在这盘磁带里,B·B·金唱了50年代和60年代曾经风靡一时的歌曲,比如《亲爱的你知道我爱你》(1952年)、《每天我都有布鲁斯》(1955年)、《请接受我的爱》(1958年)、《甜蜜的十六岁》(1960年)、《你能有多忧郁》(1964年)……看来虽然是在监狱里给犯人演唱,他还是很认真地精选了他自己得意的作品,不愿意对付他们。

50年代和60年代,正是B·B·金鼎盛的黄金时候,他上足了发条似的一年有三百天在现场演唱,这实在是一个惊人的数字,另外的时间在录音棚里录音。这也就是说,除了睡觉,他把时间都交给了他钟爱的音乐,他身体里的每一个细胞似乎都燃烧在他的布鲁斯里,或者说他的布鲁斯再造了他的生命,他才会具有如此旺盛的生命力,同他唱的蓝调一样喷发着火山般的热力,并奇迹般地将这座火山喷发持久地一直保持到如今76岁的年纪。

这位童年在颠沛流离的生活中成长起来的布鲁斯大王,得益于他的前辈布鲁斯大师博恩·沃克(T-BWalker)的指引,并受益于民间的布鲁斯艺人布卡·怀特(Bukka White),后者发现了他的天才,亲自指点他演奏吉他的非凡技巧使得唱念作打样样技艺超群。只是在我听来,对比那种狂野的布鲁斯,B·B·金显得软了一些,少了一些原始布鲁斯的嚎叫和呻吟,多了一些舒缓和抒情,远离了黑人当年移民初期时背井离乡的荒凉和悲伤,以及在南方的种植园里当奴隶时的痛苦和苍凉。也许,是布鲁斯在时代的变迁中已经发展成多种分支,我是不大懂,也分不清,布鲁斯在这样的发展中生长了一些新的东西,也可能失去了一些东西。

或许,这就是B·B·金。和我想象中的B·B·金不大一样,和我想象的布鲁斯也不大一样。

不过,我忽然想起同样为民间音乐,我们的《紫竹调》、《茉莉花》,和这些布鲁斯真是大不一样。漫长的封建社会,我们的农民所经受的一切不比黑人奴隶痛苦吗?怎么我们的音乐删繁就简只剩下了轻柔缠绵和小花小草般的玲珑剔透?我们为什么就缺少了布鲁斯那样的粗犷?那种对痛苦不平的嚎叫对忧伤本能的呻吟以及那合唱般山动地摇的你呼我应?即使是同样表现痛苦的山西民间小调《走西口》,也只是一唱三叹的哀婉而缺少那种内心与外在共有的震撼。也许,是民族的性格特点不尽相同,我们更讲究的是阴柔含蓄和制怒于心不要外露的中庸;也许,从我们的西北的花儿和信天游的酸曲或蒙古族的长调中能够多少听出一些这样的粗犷和呼号,但多的大概是一唱三叹,还是少了些如沙漠戈壁般本性和本能的粗砺荒凉和尖锐;我闹不大清,同时闹不清的是在美国出于民间音乐的布鲁斯在日后的发展中成为了摇滚乐的一支劲旅,而我们的民间音乐只演绎出一台管弦丝竹的演奏或民族唱法的演唱,在我们的流行音乐和摇滚歌坛里,只有舶来的现兑现卖,恰恰没有什么我们自己民间音乐的成分。

1969年,B·B·金曾经唱过一首叫做《为何我唱布鲁斯》的歌,但反响一般,和他的那些脍炙人口的歌相比,这首《为何我唱布鲁斯》为人所知甚少。我没有听过这首歌,但我很感兴趣,不知道他是如何自唱自答的。这是一个重要的问题,因为只有回答这个问题:为何我唱布鲁斯?才能够明白历史中诞生在密西西比、德克萨斯、路易斯安纳的林区和种植园里,诞生在黑人奴隶痛苦的汗水眼泪和愤怒的拳头中的布鲁斯绵延至今的意义和价值。

据说,一部音乐记录片《布鲁斯(蓝调)》,即将拍摄。这部记录布鲁斯发展历史的电影,将由拍过《直到世界的尽头》和《百万美元酒店谋杀案》的著名导演威姆·文德斯、拍过007的《黑色帝国》的著名导演迈克尔·阿普德等人联手导演,阵容强大,肯定是部好看的片子。在这部电影里,将有包括B·B·金在内的一批布鲁斯大师出现。也许,到那时,他们会告诉我们"为何我唱布鲁斯"这个问题。

汤姆·韦茨之梦

第一次见到汤姆·韦茨(Tom Waits)，是在美国大导演科波拉的电影《棉花俱乐部》里。那是一部老片子，汤姆·韦茨在里面演一个并不怎么重要的角色，是个不起眼的小人物，但很有个性和光彩。那时，不知道他居然还能唱那样好听的歌。他不仅能演能唱，还能作曲，科波拉的好几部电影都是他配的乐。他为电影《从心而来》配制的音乐还曾获得奥斯卡提名奖。

其实，他出道很早，早在20世纪60年代末就开始了他的演唱生涯，1972年出版第一张虽然销量不佳而不堪回首的专辑《打烊时间》，但在美国摇滚乐坛中，他也算是一棵常青树了，一直唱到现在，宝刀不老，依然拥有着他自己的歌迷，大概只有比他大八岁的鲍伯·迪伦等少数的几个人能和他相比。

汤姆·韦茨出生于1949年，算一算，他实在是够老的了，但想一想今年格莱美奖最佳蓝调获得者B·B·金今年都76岁了，他还老什么呢？据他自己说，他是生在加利福尼亚一辆出租汽车的后座上的，而且正巧是珍珠港事件爆发的那一天出生，以后便以讹传讹地传开了。我是不大相信的，他对记者采访每次所说的细节都会变化，只是出生在出租汽车上这一点不变，我想这不过是他自己编造的传说，增加一些故事性和传奇性的色彩。当然，汤姆·韦茨本人确实经历不凡，他给比萨店里送过外卖，当过夜总会的看门人，曾生活在底层社会的黑暗和动荡中。那时他能够阅读的东西只有菜单和杂志，那时他最大的梦是拥有一个小餐馆，音乐尚在遥远的天国之外。这样的一个人出生在出租汽车里，很合适，就像是电影人物的出场，呱呱落地，为的是引起人们的注意。

汤姆·韦茨之梦

我是非常喜欢汤姆·韦茨的歌声的。第一次听到，就立刻被吸引。音乐像是黏合剂，让你的心不由自主地向它靠拢，在那一刻，人和音乐像光影重合一般融合在一起。那是一个冬天的夜晚，窗外正飘飞着纷纷扬扬的雪花，汤姆·韦茨的歌声响了。那是一种格外低沉而粗犷的歌声，粗犷得像是沙漠上空翻飞的石砾，低沉像是没有一颗星星的夜空。但你会感到他那粗犷低沉的歌声中所包含的心是脆弱柔软的，就像窗外铺满一地的白绒绒的雪花。

不知怎么搞的，他的歌声让我的心里涌出一种悲伤和感动，那种悲伤和感动是遥远的，是在我的记忆深处的，是不愿意轻易示人的，铁锚似的早已经沉入海底，但被他的歌声打捞了上来，水淋淋的在月光下闪着以往岁月锈迹斑斑的回响。他的歌声有一种浓重的怀旧味道，听他的歌，像是搭乘上一艘虽赶不上泰坦尼克那样豪华却是船头雕刻着古旧的花纹、白帆上飘荡着往昔风雨的双桅船，沿时光隧道回溯到以前即使并不那么美好现在看却来是水清岸阔的回忆之中。

汤姆·韦茨的歌真的很适合我。我确实喜欢他。他的歌声总令我想到夜色中翁郁而林涛澎湃的黑森林，或黄昏夕阳辉映下浑浊而缓缓流动的河流。在他的歌声中，总有平民的声音，有底层的呼吸，和他多愁善感的心跳。那种刻骨铭心的悲伤和重压下撕扯的呻吟，让我仿佛看到那饱经风霜的皱纹、卷发和油腻腻手指甲中黑乎乎的油垢。总能感到有一种《汤姆叔叔小屋》中飘来的音乐的感觉，有一种《老人河》里荡漾的音乐灵魂钻进你的心里，让你不由自主地想起黑人的蓝调，那种萨克斯吹奏的布鲁斯，是在灯光昏暗的下层酒吧或咖啡馆，烟雾腾腾，喧哗嘈杂，蒸腾着醉熏熏的热汗和劣质烟草的味道，混杂着女人的体香和刺鼻的香水气味，和他的歌声一起搅成一杯杯味道独具的鸡尾酒。

起初，我真的以为他是一个黑人歌手。不是，他的音乐只是从黑人的布鲁斯和爵士乐中吸取了精华，他同时从金斯伯格的诗和杰克·克罗克的小说获取过营养。所以，他的歌才会如此丰厚，不是像我们有些歌手只会唱些时令的流行小调，时过境迁之后，便像潮水过后甩在沙滩上的石子一样被人迅速地遗忘。他的歌几乎都是自己作词作曲（其中一些是和他妻子的合作），这更和我们的有些歌手包括现在走红的大牌歌星拉开了无法逾越的距离，因为这些人永远只唱着别人为他们编的歌，就像嘴里永远叼着旁人递上来的奶嘴而无法长大，他们只是起着一个麦克风的作用，他们的歌只是一种机器的声音，而汤姆·韦茨则是从心里发出的歌声。

　　我听的这盘磁带《弗兰克的疯狂年代》是1986年的出品,距离他首张唱片已有十四年多的历史,想想他的首张唱片是以失败而告终,他实在应该感谢"老鹰"乐队和蒂姆·巴克利,还有赫伯·柯恩,前者翻唱了的他的歌,帮他打开了名声;后者是当时著名的"弗兰克·扎帕和发明之母"乐队的经纪人,是他发现了汤姆·韦茨的潜质而与之签约出版唱片。当然韦茨的成功还要归功于他自己的努力和坚持,以他那样出身贫困的人,没有这样的努力和坚持,他走不到今天。年轻时是从邻居家的钢琴自学出来的音乐,是在床铺底下准备好纸,半夜里睡不着忽然想到了好的乐句就爬起来在纸上记下来练出的功。当然,更主要靠的是他的天分。据说,他对音乐的兴趣来自他在夜总会当看门人时,一次听到酒鬼一边喝酒一边说的话,他随手记了下来,忽然觉得这里面隐藏着音乐。他说:"我真是开始相信,酒鬼身上有一些有意思而精彩的美国的特性,所以我告诉自己要把这些写出来。"能从酒鬼的对话感受到并谱写出音乐来,确实不是一般人能有的天才悟性。

　　早期的汤姆·韦茨的音乐和他本人就是以酒鬼的形象出名的。其实,这是对汤姆·韦茨的误解,潦倒的酒鬼只是底层带有极至而夸张的一种缩写。汤姆·韦茨的歌,唱出底层人的辛酸、痛苦、悲伤和呻吟的同时,也唱出他们对生活的渴望和从未泯灭的希望。

　　汤姆·韦茨的歌中出现最多的词的是"dream"——梦。就在这盘《弗兰克的疯狂年代》里,他在《火车之歌》中唱道:"我喝光了我每次借来的所有的钱……现在夜晚的黑色就像乌鸦,一辆火车要带我离开这里,却不能再带我回家。那些使我梦想成空的东西,正在火车站上彷徨……"在《我将要离开》中他这样唱道:"早晨我将要离开,我将带走每一个正在呼吸的梦……"在《诱惑》中他这样唱道:"白兰地生锈在钻石杯里,所有的东西都是梦做的,时间是由蜜做的,缓慢而甘甜,只有傻瓜知道它代表什么……"而在《弗兰克主题曲》中他用排比句式唱出一连串他的 dream:"梦幻中你的眼泪消失,梦幻中你的悲伤不再,梦幻中不再有离别,在梦幻中度过明天……"

　　所以,我说听他的歌,在低沉而粗犷之中总能感受到一些脆弱而柔软的东西,这东西就是他的梦。想一想,所有的东西都是梦做的,而且每一个梦都正在呼吸着,那该是什么样的感觉?那该是怎样的脆弱柔软而多情?所以,他总是不厌其烦地唱着他的 dream。

  也许,包括音乐在内的所有艺术都应该包含着梦想和来自底层生活这样两个方面,后者是艺术得以生长的根基,前者是艺术能够飞翔的翅膀。汤姆·韦茨的歌恰恰具备了这两个方面,所以,他的歌唱得年头长久,从 60 年代末一直唱到现在,从 20 来岁一直唱到 50 多岁。而且,他的歌没有什么商业的热点和包装,他也从来不进行有些歌星热衷的实际上是为了进行商业宣传的巡回演唱,这更是难能可贵。要说也是人心是尺,人眼是秤,难能可贵的包括他的歌迷。1996 年,他在旧金山进行一次慈善演唱,不到四十五分钟,所有的票便被一抢而空。正在他演唱时,一位他的老歌迷站起来对他说:"嗨,汤姆,最近你到哪儿去了?"他立刻亲切而风趣地反问:"最近你到哪儿去了?还在机场工作吗?"他和他的歌迷、他的歌和底层氛围的那种亲近的融合,一直也是汤姆·韦茨的梦。不是所有的歌手都拥有这样的梦的。

续汤姆·韦茨之梦

要说真是太巧了,冥冥之中真的有什么东西让我和汤姆·韦茨一线相连,紧紧的,不愿扯开。刚刚写完《汤姆·韦茨之梦》的那天晚上,想休息休息看了张 DVD 的电影,基姆·贾姆什导演的《地球上的一夜》,是部老片子。电影一开始,人物还没出场,图像还没有,只是字幕时,便响起了片头曲,苍凉而嘶哑的歌声,真像汤姆·韦茨。但我不敢断定真的就一定是他,一直看到完,片尾曲又响了起来,还是那样的苍凉而嘶哑。一直到字幕打出来,不是真像,就是他,是汤姆·韦茨!片头片尾曲是他唱的,整部电影的音乐都是他作的。

汤姆·韦茨!不愿意离开我的耳朵,或者说我们实在是有缘份,他的音乐确实渗入我的心里,很长一段时间,他那苍凉而嘶哑、低沉而粗砺的歌声在我的心里回荡,风中总像是飘来他的旋律。

像他这样有才华的歌手实在是不多。歌手涉足电影界的,也有不少,麦当娜、斯汀、比约克、惠特尼·休斯敦都曾在电影中又演又唱。但能够像汤姆·韦茨一样不仅能演能唱,而且还能作曲,不是一支单曲,而是整部电影的配乐,实在是少见的。这样的人,即使把他的骨头碾碎了,大概也是碎了的音符吧?

《地球上的一夜》里的音乐,和汤姆·韦茨其它的音乐一样好听,尤其是他唱的片头片尾曲,更是动听之极。那旋律和味道,让我想起他的《火车之歌》,其中的情感有几分相通,那种漂泊无根,那种冷漠,那种凄怆,苍迈又心不甘,嘶喊又哭泣。他让你的心跟随他的歌声紧紧地揪成一团,刺猬一样扎得慌。

我总以为汤姆·韦茨最大的特色,是他的声音。他不是那种保罗·罗伯逊的男低音,与保罗相比,他没有人家那样的气冲丹田的共鸣和厚重的回声。区别于他人的,是他嗓音粗砺之中的嘶哑,那种嘶哑像是钝锯拼命地撕扯着声带,锯未断,声声锯,藕断丝连,杜鹃啼血。重要的是他将他的声音和他的感情那样好地融为了一体,这一体成为了一种歌声的象征一样,只象征着底层人,绝不是贵族或小布尔乔亚似的假贵族。我们的歌,或是晚会式的堂皇制作而少有真正的感情,只是纸扎的花,太多;或是虚情假意、顾影自怜、自己咯吱自己的腰眼、眼里洒满眼药水当晶莹泪花的,太多。

听汤姆·韦茨的歌,总能让你一下子就想起河边沙滩上的纤夫、矿上上黑汗淋漓的煤黑子、风浪过后站在船头的水手,或者低级肮脏灯光昏暗的酒馆中醉意朦胧的汉子。在一盘题为《汤姆·韦茨回顾展》的磁带的说明书上,写着这样的话向我们描述他:"在好莱坞的卓比坎那旅馆、公爵咖啡店的楼上,你总能看到他。那里的每一个房间,或者被油腻腻的舞池所环绕,或者刚好可以俯视公园的景色。这些地方成为了他生命的栖所,让他更觉得像自己的家一样……汤姆·韦茨走进破旧凋零的酒吧,他想要实践他所有的想法……"描述得很像我想象中的他。他的歌,和电影中的他,和生活中的他,常常就是这样的混为了一谈,交错地出现,模糊了界限,让你只能去使劲地想象。

有这样三件事,一直在我的想象中,但是怎么使劲地想象,我实在也想象不出它们的样子。

一件是1972年他的第一张唱片《打烊时间》发行之后,卖得不好,他再上台演出时听众开始起哄,弄得他很尴尬。这时候,他离开了舞台,离开了美国,去了欧洲,后来到英国伦敦一住好长时间,用我的话说是进行了认真的反思,认真写了好多歌。四年之后,在他的第二盘磁带《小小改变》中,我知道这些歌成全了他,他改变了最初的那些乡村音乐和民歌混合而自己的风格特点不足的唱法,转而向黑人音乐尤其是蓝调和爵士学习,同时他的嗓音也刻意发生了改变,渐渐变得像现在我听到的这样,和别人有了明显的区别。但是,我想象不出那失意的四年,他是怎样度过的,为什么非要去国离家,跑到异邦去卧薪尝胆?难道只有伦敦才能给他灵感?

另一件是据说有一段时间他曾和有名的乡村歌手斯特尔·盖尔合作,演唱了不少爱情歌曲。据说,唱得温柔之极。我没有听过这样的唱片或磁带,想象不出他那样粗砺嘶哑的嗓子如何能唱得温柔之极?莫非苍凉的沙漠也能小桥流水细雨江南？他的歌很少唱爱情，只听过一首《我希望我没有爱上你》，也没有听出温柔之极，依然是那种苍凉和沧桑，那歌词很有意思："我希望我没有爱上你，因为爱上你使我变得忧郁……我希望我没有爱上你，房间里挤满了人，我在想着我是否给你留一个位置……"虽然唱着爱情，似乎和爱情离得很远。

第三件是据说他现在正频繁和人打官司。原因是他的嗓音和风格被越来越多人看好，模仿他唱他的歌的人也多了起来，他在和别人打版权的官司。演唱他创作的歌要付费，这是没的说的，但做为音乐的风格和演唱的嗓子，版权如何保护汤姆·韦茨？我实在想象不出。因为我们眼前的模仿实在太多，明目张胆地扒带子攫为己有，有人调侃现在已经到了后扒带子时期，克隆现象已经是见多不怪了。我同时也想象不出和别人打官司的汤姆·韦茨是一种什么样子，还是用他唱歌时那种粗砺而嘶哑的嗓音吗？或许，这独特而魅力无穷的嗓音正好打动了法官的心？

汤姆·韦茨！

红房子画家

红房子画家,一个动听的名字,隐藏在秋天一片荒寂的黄草丛中。草丛扶疏掩映着一座木桥,桥下有宁静而清浅的秋水。是望穿秋水的秋水吗?是秋水共长天一色的秋水吗?

这是 4AD 公司 1993 年出品的一盘 CD 的封套。专辑没有名字,就以"红房子画家"这个乐队的名字做了专辑的名字,一行小小的英文 Red House Painters 隐藏在草丛中,不仔细看,几乎看不见。封套上的画面很动人,就像里面的歌声一样。

这是我第一次听"红房子画家"。

第一首歌的名字叫做《邪恶》,没有音乐,先是在几声止不住的笑声中说了句 NO,然后才是电子吉它的前奏和舒缓的歌声。那笑声有些言不由衷,冷笑似的,为那不动声色的歌唱伴奏。平和的调子,却让人感到一丝阴冷。

第二首歌叫做《泡影》,开头的两句那么像约翰·丹佛,但后面再没有了约翰·丹佛的明朗,阴云飘了过来,有雨滴淅淅沥沥飘落下来。是那种看似清澈的水,却是冷冽的,不是阳光焐暖的河。但非常动听。

又听了一首《乔叔叔》,高亢的声音,高八度似的,和前面的絮语般的吟唱不大相同。一遍一遍地唱着乔叔叔乔叔叔,遥远的呼唤,呼唤着一种遥不可及和不可能,几分诉说不尽的忧伤,让你的心沉浸在远处,消失在那袅袅的余音里。

美国新音乐杂志称"红房子画家"是一支"最强烈的悲伤和凄美的乐队",说这张唱盘是"脆弱但具有奇特暖意的荒凉的音乐"。也许,由于地域和民族的不同,我一时听不出来这样多的凄美与荒凉,但明显的民谣特点,感性的唯美色彩,还是一听就能感受得到的。乐思的简单,旋律的明快,声音的清澈,有些像是印象派点彩的画作或美国画家韦思笔下那种出现隐约人物背影的迷离风景。

后来我知道这支乐队1989年成立于旧金山。只是不知道为什么取了这个"红房子画家"的名字。乐队的灵魂是主唱马克·科泽莱克(Mark Kozelek),"红房子画家"所有歌的词曲都是他一人所作,实在是个天才。他从俄亥俄州搬到亚特兰大,遇到了鼓手Anthony Koutsos,一见如故,两人又到旧金山招募了吉他手Gordon Mack和贝斯手Jery Vessel,便打出了"红房子画家"的牌子,到处流浪。一直到1994年被4AD公司的伊沃·瓦特拉塞尔慧眼识中,对他们的六首歌曲进行了修改和重新混音录制,才在这一年的9月推出了他们的第一张唱片《在五颜六色的山下》。有评论说他们的音乐"似乎永远围绕在那个凄风冷雨的旧金山港湾,种种如迷如雾的爱情伤痛与挫败不如意的人生经验始终萦回于听者的心头"。

我听到的这张唱盘是他们的第三张。在这之后,他们还出过三张新唱盘:1994年的《震憾我》,1995年的《海滩》,1996年的《蓝吉他之歌》。1999年4AD公司又出品了一套双碟,他们前五张唱片的精选《回顾》。"红房子画家"所有的作品都在这一共八张唱片里了,他们不是那种走俏而蹿红而唱片发行量大得多么惊人的乐队,但他们是非常值得一听的乐队。《震憾我》和《海滩》,我没听过,《蓝吉他之歌》,我听过,这是"红房子"画家离开了4AD公司之后由美国另一家著名的Supreme公司出品的。不知为什么,只有科泽莱克一个人出现了。

在这张盘唱盘中,科泽莱克把配乐做得更加精致,也稍稍将节奏拉长而更加舒缓了,他唱得也更加平和,似乎将内心的一切化解在他的歌声中,即使是礁石也把它们掩藏在水底,表面上水波不兴,深潭下面却摇曳着长长的水草和滑腻的绿苔。在这张唱盘中最动听的无疑是那首他反复唱了两次的《蓝吉他之歌》。吉他的独奏,伴随着梦幻般的电子乐声,一长串夜色中闪烁着灯光的列车缓缓驶过来,科泽莱克才从车窗中露出头来。他唱得很纯净,男摇滚歌手很少有他唱得这样纯净的,仿佛六根剪净一般,端坐在莲花座上,直望着眼前并不干净的天空。尤其是后来的女声加入之后,真是非常动听,像是摇曳在蓝天中的风筝,一高一低的款款地飘,时而闪烁着阳光透射下来的光彩和阴影,一起沉甸甸地笼罩在你的头顶。音乐也非常好听,吉他和电子乐交响辉映着,清清的涟漪一样一圈一圈地荡漾开来然后消失,平静得只有习习的微风知道。

科泽莱克这样解释他的音乐:"已经在内部被划伤,永久性的。"只要了解他的经历,就知道说出这样的话,他是极其痛苦的。他10岁吸毒成瘾,14岁戒毒,内向的性格让他找到了音乐作为解脱痛苦的唯一方式。除了唱歌,他大部分的时间就是孤零零地呆在卧室里。他不喜欢接受采访和拍照,所以他的唱盘封套上一律都是和他一样寂寞的风景照片。他隐遁在他平静而美好的音乐和他孤独而寂静的卧室里。

他说:"以前我的生活依靠的是毒品,后来我依靠的是我身边谈论着我的问题的人。我不希望依靠任何东西,我到了十七八岁的时候,仅仅想过我自己的生活。"他所说的生活就是这样的生活。音乐是他生命存在的一种方式,是他内心表白的最好的语言形式,而不仅仅是他的职业。只有他感到必须时才会唱,而这个必须不是为了名为了钱为了浅薄的出镜或无聊的排行榜,而是他的忧伤他的恐惧他的憎恨他的孤独(他说是强加在自己身上的孤独)。还有就是他认为人与人之间麻烦的关系。只有在这些时候他才会小心翼翼地唱出来。

他还说过:"我不喝酒,现在也不用药品。我过着美好孤单的生活,如果我的女朋友跟别人好了,或者我跟别人好了,我们不在一起了,我的反应就是写歌唱歌。我对生活很严肃,我并不怕检讨自己。"他曾经和一个叫做苏珊的女孩子好过两年,后来分手了。他确实如他所说的那样,分手之后他写歌唱歌,就在他的第一张唱片一首叫做《药瓶》的歌中。那是一首很好听的歌。

一个人的生活或者说一个人的生命,只有这样紧密地和音乐联系在一起,他才会哪怕将自己的日子挤压得那样痛苦不堪也要把音乐做得那样唯美动人,那种渗透进骨髓里的悲伤才会显得并不那么强烈,因为音乐如一剂良药医治了一切,歌唱如一把刀子削去了强烈的部分,将其碾成粉末撒落在音符里。音乐便不仅仅是为了发泄,更是为了倾诉和寄托。所以,他的歌冥想和回忆的成分更多些,总是显得水落石出一般,往事历历清晰却又有些灼人,让人感慨而唏嘘,无奈而叹息。命中注定,他不会表现得那样愤世嫉俗般地另类,那只是披风之类的演出服,是为了给别人看的,他只会抱着他的蓝吉他唱着他心中想唱的歌。

有人说得极对:"如果没有乐队在后面,他只能害羞地坐着,用吸管吸着饮料说他不能表达自己。"

梦幻的色彩和声音

虽然进入了20世纪90年代,他们还在顽强地出唱片,但毕竟已是尾声,影响力大大不如从前了。风起云涌的摇滚歌坛,很容易喜新厌旧,葵花向阳一般的脸总是偏向于年轻和新潮。

想想也是,"橙色梦幻"(Tangerine Dream)自1967年成立以来风光了30多年,乐队的灵魂人物埃德加·弗罗斯(Edger Froese)都快60岁了,一脸褶子到了我们法定退休年龄的人主导一支太空摇滚的先锋乐队,"橙色梦幻"已经滑出了历史的轨迹。30多年了,是该到了落幕的时候。不过,他们制作的音乐,在我听来非常好听,起码我非常能够接受。我听的这张唱盘是他们1964年出品的,名字叫做《潮汐的转折》。当然,和他们当年相比,几乎已经面目全非了,不仅音乐的风格变化很大,而且乐队的人马也翻天覆地,除了当年的创始人弗罗斯扛着大旗尚在,其余的都已走马换将。

也许,同其它形体的艺术不同,比如绘画和文学毕竟要靠有形的色彩和文字,而无形的音符就像是无形的空气到处弥漫一样,使得音乐存在和可能的空间比它们都更为宽阔,最容易让人想入非非,让任何一个音乐人对音乐都充满着各自不同的梦幻,无边无垠。弗罗斯的与众不同,在于他不像有的摇滚歌手那样在歌词和配曲或舞台表演的装束等方面作文章,以一种前卫的姿态和时代叛逆者的形象出现,给听众以尖锐的刺激。大概因为是科班出身,他只想回到音乐本身来,借助于器乐本身尤其是现代电子乐的发展来实验一下现代音乐区别于古典到底有多大的潜力,那电子合成器所发出的声音到底能创造出什么样的效果。因此,他基本摈除了人声,让他的电子乐尽情地发挥,上天入地,梦想着无处不在,无所不能,独行大侠般地一次次出招而所向披靡。

如果说从1970年的《电子沉思录》、1971年的《人马座阿尔法星》、1872年的《时空》最初的几张唱盘,可以听到明显"大门"和"平克·弗洛伊德"乐队的味道,说是电子在沉思,实际上还是大提琴、管风琴、长笛等许多传统的乐器在他的乐队里当家作主。但是,很快,到了1974年从新的唱盘《费德拉》开始,做为乐队音乐的制作者弗罗斯(他是正经学音乐出身的)就开始毅然决然地放弃了这些传统的乐器,而向电子合成器电子铜管乐发起了猛烈的进攻。可以说,从20世纪70年代中期到80年代,"橙色梦幻"在摇滚歌坛上电子先锋的革命意义不同凡响,弗罗斯似乎想让音乐在电子天地中天马行空,驰骋出一片新的世界来。他抛弃传统的乐器,而痴迷于电子乐,创造出来的全是虚拟的声音,让人觉得他是一位像安徒生或格林那样的童话作家,面对的是一片梦幻的世界,用电子乐想象并调动着、演绎着他的千军万马。

我敢肯定这就是弗罗斯的梦幻,他始终在幻想着区别于真人声和真乐器是来自另外一个世界的声音的魅力。那个虚拟的世界,让他的电子乐的潜质更是让他的想象力得到了最大能量的发挥,让他创作的乐曲如梦如痴,神秘莫测,玲珑剔透,空灵幽长。所以,有人说他们是"太空摇滚",有人称他们是"氛围乐队",在整个20世纪80年代,他们出尽了风头,他们将梦幻气息弥漫在起伏摇曳的音乐织体里。

如今,人们已经不会再以80年代那样的热情痴迷于这张1994年的《潮汐的转折》了。但是,它依然那样动听,并没有气数已尽,尘埃满面。而且弗罗斯照样才气十足地别出心裁,让他的电子乐韵味飘渺地荡漾,开头模拟的水声铃铛声和马蹄声在渐隐渐弱中奏出的竟是穆索尔斯基《展览会上的图画》的开头曲,然后是紧接着七首乐曲连缀而成,除了最后一曲《潮汐的转折》有一些人声的吟唱是在为乐曲伴奏外,没有任何人声,更没有一句歌词,不间断地倾泻而下,宛如一弯山泉水一路带着花香草香和树荫里跳跃下来的阳光清澈而蜿蜒地流淌下来,一路逶迤,千姿百态,直落进深深的潭底,将訇然作响的回声和溅落的清冽水珠一起撒向蔚蓝的天空。

弗罗斯巧妙地将古典移植到他的现代音乐里,让对摇滚已经麻木的人眼睛为之一亮,尽管他们一时难以接受,并不那么喜欢。难道摇滚可以这样做吗?

举起双手向古典的"老泡儿"们投降？或许，这就是弗罗斯告别了青年到如今这一把年纪时的梦幻吧？但是不是在告别了青年的同时他也告别了摇滚精神的本意呢？不管怎么说，他将电子合成音乐做出了这般交响乐的效果，似乎是要告诉人们他能虚拟出一切声音效果，便在摇滚中撒上了点儿古典的胡椒面故意调侃了我们一下。他以保守的姿态向他梦想的声音进军，将声音做得五光十色，迷离动人。尤其是新加入乐队的女乐手琳达·斯帕(Linda Spa)的萨克斯和圆号吹得格外凄婉迷人，给整个乐队镶上一圈优美的花边似的，让乐曲摇曳生姿成一匹月光微风中的丝绸，柔软而飘逸。如果说梦幻真的有色彩和声音的话，弗罗斯认为梦幻的色彩是橙红色的，那么梦幻的声音就该是这样子的？是用现代电子数字化的合成，融入了古典中他可以接受的那些迷人的元素，搅拌成的一杯令人醉眼朦胧的鸡尾酒？

不知别人以为如何，"橙色梦幻"虽然已经淡出了摇滚歌坛，但他们的音乐并没有仅仅存活在以往的岁月里和历史的册页上，依然还有着生命力，并非已经如有些徐娘半老的乐队赖在舞台上迟迟不愿意谢幕。起码在我听来，雅尼和喜多郎都多少有他们的影子。重温"橙色梦幻"，除了感受他们经久不衰的魅力之外，也为他们尤其是弗罗斯三十年来一直对声音梦幻般的追求而感动。与其它艺术形式不同，音乐本身就是一种最适合梦幻的依托物，而电子的合成器为他又添上了飞天的翅膀。

附记

今天黄昏，随便拿出一张唱盘听，竟然是"橙色梦幻"乐队1975年的《卢比肯》(Rubyeon)。它的动听，让我折服，让我忍不住想起一年前第一次听他们时的情景。好音乐和好朋友一样，是总能够见面，而且只要一见面就能够认识得彼此的。

一年的时间就这样过去了。

《卢比肯》虽然是二十七年前的作品，但时光并没有让它有什么褪色，依然那样生机勃勃，无与伦比的美丽。电子合成器织就的那种异质的美，仿佛天外来客，长袖曼舞，环佩丁当，腾云踏雾，梦雨仙风，一种不知今夕何夕、此曲只应天上闻的感觉涌上心头，感动得直想落泪。

同上一次听到的《潮汐的转折》相比，似乎这一盘更加迷幻，直跌进梦境之

梦幻的色彩和声音

中无法拔身;也更加柔曼,生怕磕碰一般,轻拿轻放一般,像是手心里托着一只羽毛未丰的小鸟,生怕轻轻一动小鸟就会飞走。

与和他们先后脚在德国成立的"发电厂乐队"相比("橙色梦幻"成立于1967年,"发电厂"成立于1968年),虽都属于电子乐队,都将合成器最大能量地发挥,而且基本都摒弃了人声,但路子和内涵毕竟有差别。"发电厂"的音乐怪异,冰冷,且有意模拟现实世界的声音;"橙色梦幻"则比他们稍加暖色的调子,有意离现实远些,在这盘《卢比肯》中也有类似对大海涛声的模拟,但你也可以认为那是太空里异样的回声。况且,"发电厂"的模拟充满着机械性晦涩的灰色,而"橙色梦幻"则很美很清很亮。

如果说"发电厂"更多的是向非人性的物化世界责问,那么,"橙色梦幻"更多的是向梦境进发;"发电厂"是入世,"橙色梦幻"则是出世。

夕阳西下,西窗前洒满温暖的阳光和"橙色梦幻"的音符,就这样一起渐渐地飘散消失,真是一天来最美的时刻了。

来自希腊的风

外国人做流行音乐,有时很有意思,常突发奇思妙想,超出我们常人之外。而我们常人所认识的流行音乐,也实在太有局限,只要一说流行音乐以为只是刘欢和那英,或者只是"披头士"或重金属式的摇滚。因此,对流行音乐的误解也实在太多,以为流行音乐不是甜得太腻味,就是闹得太厉害。其实,民谣和"披头士",摇滚和重金属,只是流行音乐的一部分。有的流行音乐,并不是只一味地添加牛奶巧克力那么甜,或是只知道翻跟头耍把戏那样闹。

万格利斯(Vanglis)就是这样的一位音乐家。他所创作的就是这样的一种非常别致的流行音乐。甜和闹,被他关在门外,他闭门造车所追求的是另一种境界。

我听过他的一盘磁带,叫做《向埃尔·格里柯致敬》(《A tribute to El Greco》)。光看磁带的名字,就让我奇怪,埃尔·格里柯是一位16世纪的希腊的画家,流行音乐一般更关注现代人的情绪和感情,怎么他居然一下子钻进时间的隧道,上溯五百年的历史,和一个老得掉牙、旧得需要掸掸尘土的什么埃尔·格里柯联系起来,而且要向他致敬?如今的人们,尤其是听流行音乐的人们,有多少人知道或关心这个稍嫌冷僻的埃尔·格里柯?即使是画家,人们一般也只知道个剪掉了耳朵的梵高,弄一幅《向日葵》的复制品挂在家中附庸风雅。将文艺复兴之后的巴洛克风格的古典乐,与现在的流行音乐结合,本身就是一件看来有点儿驴唇难对马嘴的事情,像是赶着一辆旧式马车,虽然车是金碧辉煌,马是四蹄轻风,却非要在高速公路上跑,怎么都让人感觉有些古怪。这样跑,不是会出车祸,就是会跑出一道风景来,就看驭手万格利斯的本事了。

这盘磁带一共十个乐章,所有的乐章,不论是从器乐还是男声、女声或男女声的合唱,都可以听得出他是在有意向古典靠拢。那种音乐有些像是从教堂的彩色绘画玻璃窗传来,辉映着斑驳筛落下来的灿烂阳光,有几分庄严,几分虔诚,和浓重的宗教味道。只是那音乐不仅仅是教堂里的管风琴和钢琴,而是多了现代的电子合成乐。从音乐的情感和制作的效果来看,或许能听出布鲁克纳和勋伯格的一点影子,但更多的还是现代音乐的元素,尤其是那种模仿山风猎猎、海浪滔滔,一派天籁,仿佛来自天国的回声,涂抹的完全是流行音乐的色彩,可以从恩雅,甚至从雅尼的音乐中找到相似的轨迹。不过雅尼的音乐更多了电子乐和打击乐,闹腾得如同一锅滚开的水沸腾着翻滚的水泡,而万格利斯多的是宁静和崇敬,是将情感深藏于水底的深深的一泓湖水,表面是平静的,却也是浩瀚的,平铺千里,连接着遥远的远方。

万格利斯说自己是纯音乐,从本质上讲,他是属于现代的 New Age 一类的音乐。如果让我将他和雅尼、恩雅比较,雅尼是向现代靠拢,恩雅是向自然靠拢,万格利斯更多则是向古典靠拢;雅尼更注重音响效果,恩雅吸收更多民间音乐的营养,万格利斯则多一些古典的元素。如果雅尼是夏天里的热风淋漓,恩雅是春天里的清风习习,万格利斯则是来自天堂的天风,清澈透明而回声激荡;如果雅尼是红色的暖色调,恩雅是绿色的中色调,万格利斯则是蓝色的冷色调,多少有些深藏不露,这在流行音乐中是少见的。

细想一下,万格利斯对埃尔·格里柯如此感怀至深,用整整一盘音乐缅怀不尽,肯定是有其道理的。他将这些道理都融入了他的旋律之中,我只能边听他的音乐边做主观的猜想。他和埃尔·格里柯同为希腊同胞,共同的感情是可以想象的,只是画家与他相距五百年,长达半个世纪之久,为什么他舍近求远,偏偏对这位 16 世纪的画家情有独钟? 他的足迹踏遍欧洲,在英国呆了整整十五年,但最后他还是回到了希腊。这一点和埃尔·格里柯极为不同,画家在意大利生活多年,人生最后的三十七年是在西班牙度过,终其一生而未能返回祖国,但画家的名字格里柯就是希腊人之意,也许是其落叶归根的怀乡病的体现?是不是万格利斯对埃尔·格里柯那种力求在普遍的完全写实主义的宗教画作中独辟蹊径,以风格主义的阴冷色调渲染超现实气氛的创新精神怀有敬之情? 是不是万格利斯对希腊本土悠久的爱琴文化有一种精神寄托,而在埃尔·

格里柯的身上找到了渲泄来浇自己胸中之块垒？如果真的是那样的话,我们在他的音乐中听到来自爱琴海畔来自画家的出生地——希腊最大的岛屿克里特岛四周翻涌的天风浩荡和海浪轰鸣,以及那橄榄树飘来的清香,就不是什么怪事,虽然有些不动声色,却是一浪涌来一浪,浓重地呼吸着,变幻成深沉的旋律,实在是难得而美妙感人。

也许是我孤陋寡闻,对万格利斯了解甚少。我们对雅尼和恩雅更为熟悉些,我们极容易削足适履,将一切流行音乐时尚化而成为人们嘴里咀嚼的同一种口味和牌子的口香糖。不过,据我了解的一点点资讯来看,据说这位今年57岁的音乐家是以键盘手开创音乐生涯,70年代之后才开始独立发展,为电影配乐,真正出道。但是,他四岁就开始了演奏生涯,六岁就有自己的作品演出,小学期间就组织了自己叫做Torminx的乐队,这简短的履历表足以证明他实在是个天才。能够作出这样美妙音乐的人,应该是个天才。

万格利斯的作品极多,《向埃尔·格里柯致敬》只是其中之一,这是一盘他在1998年出品的磁带。据说当时乐队是在雅典豪华的Grand Bretagae宾馆大厅里演出的,一边演奏,万格利斯一边将埃尔·格里柯最有名的《奥尔加斯伯爵的葬仪》《托列多风景》等油画用投影仪打在墙上。在这里,音乐和绘画相通,古典和现代呼应,万格利斯和埃尔·格里柯拥抱在一起。

命中注定,使噪音成为音乐重要组成部分的,不可能是古典音乐,而只能是摇滚音乐。从这一点上来说,说明古典音乐的局限性,也说明摇滚音乐的开创性,所谓尺有所短,寸有所长。

不老的云

杰索娄·图尔(Jethro Tull),被现在的人们称为是一支过了气的乐队。也是,早在20世纪70年代中期,它就开始隐退,从喧嚣的都市退隐到乡村,渐渐地像水蒸气一样蒸发进了云层。现在,人们只能在遥远的历史的回忆里,或者从一些尘埋网封的打口磁带里寻找它依稀的影子了。

"杰索娄·图尔"乐队1968年在英国成立,想一想,如今乐队成员都是半大老头了,再鼓的皮球,里面的气也快撒光了。不过,当初它红火的时候,曾经有大批追随者,它的磁带只要一出来,就会立刻摆满了大小唱片店的摊子。他们有他们的促销策略,把看演出的小望远镜、芭蕾舞鞋、八音盒,和他们新出的唱片一起出售,给人们添一点惊喜和热闹。他们爱搞点噱头,就如同他们演出时爱哗众取宠一样,但是,听众很高兴看到他们这样的与众不同。据说,他们唱片这样热销的劲头,在英国只有大牌Yes乐队可以和它相比。

我买了一盘它的磁带,没管它过气没过气,磁带洁白素净的封套上有一幅单线条的钢笔素描,像一笔画似的,极其干净连贯地画着一个单腿弯曲蹦着吹笛子的男人,一下子打入我的眼帘,引起我的兴趣。现在连古典音乐的磁带封套制作都越来越花哨了,这样素朴的磁带便越发"素中俏"一样打眼。那素描很生动,那男人的装束有点东方阿拉伯人的样子,像是从古老的壁画上临摹下来的,非常有意思。

儿子在一旁告诉我,这是这个乐队的主唱伊安·安德森(Ian Anderson)的习惯动作,他唱歌时特别爱出这样的风头,一条腿抬着,一只脚翘着,跟仙鹤似的,吹着长笛,边舞边唱。而且,安德森上台时总是穿得破衣烂衫的,要不就穿得花里胡哨,弄不清是出于什么目的。据说,安德森长得眼睛暴突,跟龙睛鱼似的,怪吓人的。虽然如此古里古怪莫名其妙的,却渐渐地成了乐队的招牌,颇为吸引观众,也算是一招鲜吃遍天。

真是林子大了,什么鸟都有。这与古典音乐的乐队实在是没法比,古典中的西服革履正襟危坐,被他的仙鹤似的长腿蹦达得音符如同瓶子里的糖豆散落一地,消解成一种游戏了。或许,这就是摇滚存在的意义,对于传统的程式、套式和模式磨起的老茧,起到了一种搓脚石的作用,然后,又别出心裁地将这块搓脚石摆成一块上水石让我们来观赏。

这是一盘杰索娄·图尔的精选,所选的是他们70年代的作品,应该是他们鼎盛时期的精华,最能够代表他们的音乐水平了。拿回家一放,很好听,很叙事的样子,很明亮的声音。明显的民谣的风格,是勿庸置疑的。据说在1988年格莱美却指鹿为马给了他们一个重金属乐队的奖,弄得他们和听众都有些啼笑皆非。仿佛他和大家开了一个玩笑,大家又和他开了一个玩笑,弄得彼此都开怀哈哈大笑起来。

即使听不懂听不清安德森唱的究竟是什么,也不妨碍我爱听。吉他声有时很响,响得天昏地暗,雷雨大作似的,劈头盖脑浇得你浑身湿透;有时又轻轻的,絮语般的,风平浪静,夜一样安谧。长笛真是很跳,摇滚乐里用长笛的不多,就更显得跳,黄颜色一样在深色的画布上格外地醒目,清亮得如同晶莹的露水珠在宽大的荷叶上撒了欢似地滚动。这是安德森的拿手好戏,那种露水珠是莫奈画的莲花上的露水珠,那黄颜色是米罗愿意泼洒在画布上的柠檬黄,让你不能不跟着一起心动。

安德森的嗓音属于很流行的那种,和他的长笛一样清亮,流畅得犹如水银泻地,吸引人当然也是很正常的。但是,最吸引我的还是他的长笛。在整个摇滚史上,安德森的长笛绝对是别具一格,让人过耳难忘,一下子就能够记住的。研究摇滚音乐的法国学者亨利·斯科夫·托尔格曾经特别说到长笛在摇滚乐上的作用,他认为长笛这种乐器特出具有的旋律的纯净性和能够模拟各种声音这两方面的表达力,恰恰是一切流行音乐需要的,便也很方便很容易融入其乐器设定的框架。他专门说起安德森的长笛:"伊安·安德森和杰索娄·图尔乐队在这两方面都能够巧妙地表达,使长笛演奏达到既表现旋律性休止,又表现隐而不显的强度的高峰。这种乐器的幽雅悠长的声音,从来不会爆烈地炸响;一切都是内在的,它隐隐约约表现的力度往往胜过喧嚣的轰鸣。"

托尔格说的可能太专业,不知怎么搞的,安德森给我的总是一种街头流浪歌手抱着吉他敲着鼓点吹着笛子唱歌的那样感觉。很随意,在自娱自乐,和听众逗逗闷子,收点碎银子和掌声,还有他们自己的笑声。

命中注定,"杰索娄·图尔"不是那种激进疯狂的摇滚乐队,不是那种顽强介入现实想对社会发言的摇滚乐队。人们把它划归于那种艺术摇滚的范围。不管标签贴得如何,它显得确实很平庸,在民谣的保护下,在古怪台风的遮掩下,在长笛的拨弄下,和你交流,倾诉他们的自怨自艾和胡思乱想。如果说前者有点愤世嫉俗和趾高气扬的样子,它是弯下了腰弓下了身,有些玩世不恭,一切都无所谓,爱谁是谁,只管自己一路唱来,长风送爽,清露滴香。

《水肺》是他们 1971 年的成名作,现在听来,已经感受不到当年的风光,但依然很好听,节奏动听,一串吉他弹拨得像是一条溪水淌来,将水底的鹅卵石冲了下来,硬硬的,却水淋淋地闪着光。

《厚如一块砖》里长笛声伴随安德森的歌声,跳跃得真是非常地美,像是一个活泼的美人挽着歌声的手,从山坡上一路轻盈地跑来,惊飞得野鸟乱飞,野花野草摇曳,美不胜收。

《运动的呼吸》前奏里的吉他出色得很,快速的长笛声声,像是列车欢快的车轮摩擦铁轨的那种感觉,在地脉里传得很远。《胖男人》清脆的鼓点和手铃,隐隐几分东方音乐的韵律,颠倒了阴阳,乱了方寸。鼓和手铃敲打得极其熟练,撒豆子似的,一粒粒灿烂金黄,圆润可爱。如果再有一条蛇在笛子上柔软地舞动,绝对就是在印度或巴基斯坦的什么地方了。

《没有事情是容易的》最后一段鼓点和笛声似落霞与孤鹜齐飞,发闷的吉他伴随着安德森清亮的歌声跳跃着出现,茂密林子里风吹动叶子时而从叶间筛下一点阳光一样的感觉,真是妙不可言。

有这样多值得一听的地方,看来,"杰索娄·图尔"当年有那么多人喜欢它是有理由的。除掉他们第一张专辑《水肺》、第二张专辑《厚如一块砖》、第三张专辑《基督受难剧》有那样多关于宗教和社会责问的概念之外,他们后来的作品似乎没有那么多的理性,当然,他们后来也就没有那么多的东西出现了。但是,只要出现了,更多的是童话寓言和超现实的幻想,还有一些莫名其妙的东西,有时你会觉得不知安德森在唱着什么,他只是翘着一只脚边吹着长笛边不停地唱着,就像一个沙漏在沙沙不停地滴着,滴走了时光和幻想,却滴不走长笛声和心里的歌。

总能够不停唱着,这就够了。一个人,三十多年一直有歌在不停地唱,实在是让人羡慕的。所以,我开头说的不对,虽然三十年过去了,他们并没有老得像撒了气的皮球。

听说,现在"杰索娄·图尔"仍然有唱片出版。

一只鹰、一株树或一座城都容易老。但一朵云,只要还在空中飘而没有变成雨落下来,就不会老。

黑色也是一种颜色

在摇滚音乐里，噪音是其组成的重要元素，而且还可以细致地分为工业噪音、电子噪音、金属噪音等并不科学却极为流行的多种形状。白色噪音就是其中的一种，虽然到现在我也不明白为什么要称之为"白色噪音"，难道还有"黑色噪音"和它对应吗？难道它不是电子器乐所制造的噪音吗？它和电子噪音有什么区别吗？也许，提出这样的问题，就是十足的外行。噪音就是这样自然而然、理所当然地出现在摇滚音乐里，分类只是人为的好事而已。

在古典音乐里，是没有噪音的。因为古典音乐崇尚的是谐和、平衡、高雅、持久、匀称，源于古罗马拉丁语古典 classic 一词，在拉丁语里就是这些含义，噪音显然是被摈弃在外的。尽管现代音乐的创始人勋伯格（Arnold Schoenberg）曾经尝试将噪音运用在古典音乐里，但这终究没有成为古典音乐的主流，而是被认为有些离经叛道。另一位现代音乐家拉赫玛尼诺夫（Sergei Rachmaninov）在世时曾经敏感地预言：噪音在下个世纪将成为古典音乐重要的组成部分，但下个世纪真正到来的时候，噪音也没有能够成为古典音乐的组成部分。

命中注定，使噪音成为音乐重要组成部分的，不可能是古典音乐，而只能是摇滚音乐。从这一点上来说，说明古典音乐的局限性，也说明摇滚音乐的开创性，所谓尺有所短，寸有所长。背负着悠长历史岁月的高贵而骄傲的古典音乐，便也背负着沉重的包袱，靠自身是不能打破自己的局限的。运用古典音乐制作的模式，可以虚拟和再造出 17 世纪古典音乐天空的辉煌，但星光灿烂辉映出的已经不再是巴赫和莫扎特生活的17世纪的天空了。新的天空毕竟要出现新的星辰。

可以说，将噪音制造成音乐的人，是和创作古典音乐并排的人。它拓宽了音乐自身的疆域，并创造出了新的音乐美学标准。

因此，与其说它使得音乐变化了内容和另一种可能存在的形态，不如说它是在用新的方式对现实世界的情景进行描述和诠释。对于他们来说，秦时明月汉时关，只属于古典时代，绝对不再属于现代，现实的情景中也绝对不复再现。

生活在古典音乐时期的人们，追求的是人性善良美好的一面和自我的心理平衡，向往的是梦想与现实混淆的境界而回避着一些现实。而生活在摇滚音乐时期的年轻一代，表现的则是人性扭曲和压抑的一面，梦是灰色的，现实则是如同头顶上污染的天空一样，雨后很难再见到彩虹。

也许，对于我们这样一代，如丝如缕的小提琴和清亮透明的钢琴以及荡气回肠的交响乐最适合我们，让我们哪怕是枯涩的回忆也发酵诗化而变得美好起来。对于年轻的一代，噪音则是他们赖以生存的这个躁动不安充满着战争、骚乱、尔虞我诈、欲望膨胀的背景，是他们由此激发的感情的外化和生存状态的一种形式。不用说，回荡在他们生命之中尽是这样的噪音，就是回忆里的诗也散乱了韵脚而成为了浑浊的杂音。

我猜想，噪音在最适合淋漓尽致地表现年轻一代情感的摇滚音乐之中，大概就是这样应运而生。

我不知道是什么时候噪音开始出现在摇滚音乐里的。据说，早在布鲁斯时期，就有摇滚歌手不满足做一个仅仅对社会负责任的行吟诗人了，他们就开始胆大妄为地做古典音乐不能做的事情，将噪音引入摇滚世界。在欧洲曾经涌现出的浮士德运动中，便有工业噪音在摇滚音乐中生机勃勃地躁动，认为自古希腊歌剧中和教堂圣咏中人声便已经变得不那么重要和主要，而拎起了人们从来难以接受的噪音残酷而真实地表现后工业时代的冷漠。即使到了摇滚的新古典主义时期，4AD公司出品的一系列唱片，不食人间烟火，逃避现实，唯美主义盛行，如凯特·布什等的作品也出现了白色噪音。到目前为止，噪音在摇滚中几乎比比皆是，见怪不怪了，就好像水果中的榴莲，最初吃起来会觉得有股子怪味而不习惯，吃习惯了会觉得倒是一种特殊的香味呢。

就我个人而言，不是什么噪音都可以接受，比如重金属，总觉得太闹慌，过于嘈杂和沉重。但白色噪音是能够接受的。我不知道它源于何处何时何人,以我听摇滚有限的经验和知识来看,似乎不是最早也是较早出现在20世纪60年代的"地下丝绒"乐队(The velvet underground),而后被80年代初期的"耶稣和玛利亚锁链"乐队(The Jesus and Mary Chain)学得了奥秘,80年代末出道的"我的血腥的情人节"乐队(My bloody valentine)则是明显地受益于这两支乐队的影响。我很喜欢这支乐队的演唱,他们让我对噪音有了全新的认识,对白色噪音有了感性的了解。它和我以前的想象不一样。

也是,以前,对噪音多的只是固有的印象和无知的误解。

1984年,以天才的凯文·希尔兹为首,作着音乐、弹着吉他,鼓手科·奥索尔伊格、歌手戴夫·康伟、键盘手蒂娜,一起组建了"我的血腥的情人节"乐队。这名字有些古怪而匪夷所思,据说乐队的名字来自一部恐怖电影。他们一共只出过两张唱片:《非物》(1988年)和《无爱》(1991年),但数量少并不妨碍他们的出色。据说他们在演出时只是静静地站在舞台上,只顾自弹自唱,并不和听众交流,被人称之为"自赏派",也算是我行我素,自成一格,花开花落两由之。我喜欢听它的音乐,他们所制造出的白色噪音,不似重金属那样震天动地,满耳轰鸣,他们似乎将那噪音别有用心地拉成了一条条丝线,织成了一缕缕亚麻的布帘,密麻麻地飘荡在我们的面前,不停地晃动着,晃得我们有些眼花缭乱。吉他声很难听到,只能听到噪音制作出的短促的音符在不断地重复着,就像电影片子卡住了,总是来回放映着同一个片段。但节奏很明显而清楚,这样有节奏的噪音循环往复,有一种大弦嘈嘈如急雨的效果,那情景不像是在机器轰鸣的车间,而像是在黄梅天披着雨衣或撑着伞走在车水马龙的大街上,地面上积下的雨水在哗哗打着旋涡往地沟里流,身旁流过的是脚步急匆匆而面孔冷漠的人们,眼前是灰蒙蒙的雨雾一片,什么也看不大清,只有雨水不断线地在下着,香烟一支接着一支在抽,酒一瓶接着一瓶在喝,脚下的浑浊而厚重的雨水哗哗地在流。

这种白色噪音制作出的噪音墙,隔住了什么,却也在隔住的空间当中让人感到了一种与世隔绝般的自己的天地。那种由此产生的孤独,多的不是愤世嫉俗,而是有些凄婉和隐约的美。那种美不会让人感伤或震惊,却有一种隐隐的痛让人无法言说。没有那种重金属噪音所宣泄出的声嘶力竭、撕心裂肺的疯狂,不是那种痛不欲生、呼天抢地的发泄,而是一种压抑却不想迸发的情感、懵散而有些颓废的情绪、无所事事脑子一片空白却依然存有一丝梦幻的灰烬残存地闪烁,雨蒙蒙中带有几分瑟瑟的凉意,一起随音乐袭来。有点像戴望舒的《雨巷》,只是在巷子里多了一些隐隐约约的噪音。

我听《无爱》这盘唱盘时,窗外正下着淅淅沥沥的冬雨,这种感觉就越发的明显,密密的雨丝和密密的噪音墙一起飘忽在了眼前,不知是音乐在为冬雨伴奏,还是冬雨在为音乐伴奏,两者的形象那样相似,一种空虚而孤独无助的气氛袅袅地弥散开来。音乐里散发出的噪音仿佛通过了弱音器,进入了一个魔盒子似的,再出来变成了另外一种装束。间或主唱并不明显而是有些含混不清的声音,絮语般的和噪音此起彼伏,像是把噪音当成一只只在雨中淋湿了的鸟逗着玩。噪音便不像是平常日子里分贝数字吓人的杀手,而像是一位天才的雕塑师,为我们雕塑起了另一种音乐的形象。

"我的血腥的情人节"中绝大多数的音乐出自凯文·希尔兹之手,他杰出的音乐天赋,确实为我们展示出噪音的想象力和创造力。

想起画家马蒂斯说过的一句话:"黑色也是一种彩色",噪音确实也可以化腐朽为神奇而成为一种音乐。

电子寓言的标本

可以把"发电厂"(Kraftwerk)和"退化"(Devo)两支乐队放在一起听。我猜想因为隔开的时间太久远了,会有不少人早就遗忘了他们,或者根本就没有听说过他们,他们的影响力的确已经式微,如今找他们的磁带都不那么容易了。

摇滚乐史上,实验性和小孩子恶作剧式的玩闹常常混在一起,真正的先锋和混事魔王有时都挥舞着同样的电吉他和架子鼓做武器,门派林立,各式乐队纷纷过招,走马灯似的飘来飘去,多得让人眼花缭乱,那劲头一定就跟雨后的林子里一样热闹,既长蘑菇,也出狗尿苔。但是,"发电厂"和"退化"这两支乐队绝对不是狗尿苔。在 20 世纪 70 年代风起云涌的哥特运动中,电子摇滚作为新生事物出现时,让许多听惯了木吉他的人是多么的不能接受。再如"发电厂"和"退化"一样将电子乐走向极端,肯定会更加令人大哗。当然,他们之前还有"罐头"乐队(Can)的实验努力也让人侧目。不过,正是他们哥几个这样轮番折着跟头似的一通极端的表现,才让当时的人记住,也才让后来的我们想起,翻箱倒柜重新把他们拾起。有时候想想,就是这样,生活追求的是安逸,而艺术追求的是"折腾"。

这是两支先后成立的乐队,只要把他们的磁带拿出来听听,他们之间承继的关系和脉络是很清楚的。"发电厂"是德国的一支老牌摇滚乐队,成立于 1968 年,出版第一张专辑是在 1972 年。德国的摇滚一般比较内敛而不像英国和美国的那样张扬,但正如它在古典音乐上有着深厚的传统一样,其摇滚同样具有马力极强的原创力。在摇滚史上,是德国开创了先锋电子乐和哥特式摇滚两个重要的开端。这意义同他们在古典音乐中出现了巴洛克时的巴赫亨德尔和浪漫派的舒柏特门德尔松一样地重要。"发电厂"便是在20世纪60年代末70年代初涌现出的电子乐中浮士德摇滚的主力,他们让现代化的科技因素融入音乐,孵化出了古典音乐中不会产生的崭新的元素,让音乐拥有了更为丰富的可能性。他们给电子加上了人声,为音乐添上了技术,他们企图让本来冷漠的科学和原本感性的音乐硬性地结合起来,就像让天上的雷催生地上的石头开花。在同时期英美的摇滚正在朝着爵士和古典发展去做概念专辑,他们却在德国自行其事让音乐越发地电子化、机械化,着意扩展了艺术摇滚与激进摇滚的声音的种种发展空间。

"发电厂"1972年出版了他们的第一张专辑《发电厂》,之所以起这样的一个名字,据说是因为看了他们身边密布在莱茵河两岸的工业区里的发电厂。当然,如果真的是这样,那也绝不是偶然,他们为什么偏偏只看见了发电厂,莱茵河两岸还有许多别的景观,科隆大教堂就在那里矗立着嘛。只要再看看他们以后出版的专辑的名字就一目了然,1974年的《高速公路》,1975年的《放射性》,1977年的《欧洲高速列车》,1978年的《人工智能机器》,1981年的《计算机世界》,1986年的《电子咖啡馆》,一直到最后1991年的《混音》,我们就清楚地明白了,他们的意图是明显的,他们并非只是为了那电子乐来和听众逗逗闷子,而是用这样的电子音乐做为对这个越来越物化的世界的一种发言。芸芸众生可能只会在从高速公路到计算机的发展中得到实际生活的好处,像狗一样伸出舌头舔着或吮吸着现代化分泌出来的种种便利与实惠,而作为艺术家却得了便宜还要卖乖似的偏偏不满足,非要鸡蛋里挑骨头,不满足现代化带给人的异化和人与人之间的隔膜,非要做出惊世骇俗之举,批判电子时代带给人们的心灵上的变形和锈蚀,以及情感上的苍白与堕落。

于是,"发电厂"在他们的音乐里用电子乐和合成器模拟出轰轰烈烈的机器声响,那种铺天盖地的机器声前呼后拥地层层地包围着我们,冰冷、生硬、单调、机械、粘稠血型般固执的音响,织就了黑色的瀑布,从天而落,哗哗如雷,蒙蒙一片,雾气弥漫,遮住了我们眼前的一切。只要听听他们在《高速公路》中那长达23分钟对汽车在公路上行驶的声响单调机械的模拟,再听听他们在《欧洲高速列车》中依然是长达13分钟对漫长而单调旅程的模拟,此处汽车换成了火车,但高速没变,单调没变,冰冷没变,一切还是那样沉重,还是那道黑色瀑布从天而落,黑乎乎地遮在我们眼前。

听他们这两盘唱片,让我想起 80 年代末我从他们的家乡杜塞尔多夫出发沿着高速公路到多特蒙德一路上看到的情景,那是德国西部的一片老工业区,密布在莱茵河两岸轰隆隆的机器声早已经没有了,原先的工业没落了,莱茵河虽然没有想象中的清澈,但还是很漂亮,而高速公路上的单调也不似以前,因为路两旁的绿化非常的好,明亮而葱茏,没有了他们歌里的那种感觉。因时代的变异,音乐有时显得隔膜了许多。

也许,他们猜得出的我的这一想法,在《人工智能机器》中,他们不再满足于对汽车和火车的模拟,而是让机器人粉墨登场了,让这个世界,同时让他们的音乐一并复杂了起来。高科技诞生出来的机器人,远不是汽车和火车那样司空见惯,而是让人们如观动物园里新展出的动物一样感到好奇,甚至让人们为它们的无所不能的功能而欢呼。但那貌似被现代化咬合得齿轮纹丝不差、设计得程序滴水不漏,那种严密精巧乃至优美背后的冰冷,是和高速公路上的汽车和火车一样,永远无法能够与有血有肉的真人一样拥有同样的感觉的。可怕的是真人逐渐被异化而毫不知觉,同机器人一样没有体温了。

在这盘专辑里有一首被许多人称赞旋律完美得近乎"令人发指"的歌叫做《模特》,但那模特不是站在梯形舞台上活生生的模特,那模特不过是人与机器交媾的时代产物,是一种象征,如同用玻璃钢或什么现代材料做成的一尊雕塑,立在貌似繁华却是机械化复制过的千篇一律的闹市广场上,已经不再是亨利·摩尔或罗丹,更不是米开朗基罗的那些富于生命力的雕塑了。

"发电厂"就是这样从 60 年代末期到 90 年代初期二十多年的时间里顽固地唱着他们的电子寓言,用他们激烈和激进的电子音乐提醒着已经变得麻木迟钝的我们。

"退化"肯定是和"发电厂"同宗同祖,并得天独厚地继承了"发电厂"的衣钵,只不过走得比"发电厂"更远。这从他们乐队的名字就可以窥其一斑。如果说"发电厂"还只是对现实的一种象征性的比喻,"退化"则是赤裸裸的呐喊了,还要他妈的什么拐弯抹角的比喻!

有时,真的是让人无可奈何地感慨,难道我们人类不是在一步步地退化和堕落吗?还要责怪这由两对兄弟做主唱和键盘手及他们在俄亥俄州艺术学校的一个同学做鼓手成立的这个"退化"乐队?而且还要去责备他们把电子音乐作得如此疯狂并愤世嫉俗地喊出了："我们是人吗？我们是退化。"——这是他们第一张专辑的名字。在这张1978年出版的专辑里（比"发电厂"出版第一张专辑晚了六年），他们一遍遍反复地唱着："我是一个机器人，两支机械的胳膊两支机械的腿，一个2加2的人，我感受膨胀，我工作得很好，我想要你所想要的东西……"开门见山地直指荒谬的现实世界。

他们的确比"发电厂"走得更远也更极端。他们演出时穿着宇航服一样的衣服把自己从头到脚套得严严实实的，脑袋套着一个布套，头顶着一个硕大无比的灯泡。他们要把自己从音乐到外形都弄得与众不同，彻头彻尾地变成"发电厂"所唱的那种机器人。他们从一开始就像堂·吉诃德大战风车一样，与这个异化与物化的世界不共戴天，先知似的预测着人类飘渺莫测的未来，企图做一个现代伊索式的寓言家。

"退化"以如此怪异的音乐、怪异的装饰和怪异的表演形式出现，曾经被当成摇滚的笑柄，一时让有些人难以接受，却让有些人趋之若鹜。如果说他们是出现在摇滚最具有活力的时候的一个怪胎，不如说是摇滚为他们创造了这样离经叛道的舞台，先锋艺术总是爱用这样极端的方式来标新立异，就像故意用一把尖锐的锥子来刺一刺我们人类已经老皮老茧的肉，看看还能不能扎出殷红的血来。在某种程度上，先锋艺术是对于人类世界的一种恶作剧。我觉得他们有些像是当时绘画界的野兽派，愿意把浓烈的色彩肆意无序地泼洒在画布上；也有些像是如今小剧场的先锋戏剧，充满实验性而忽略了或者不管观众的接受能力。如果把他们和摇滚同行做比较，当死亡金属在自己的音乐里歇斯底里疯狂投入地把世界唱得一团糟，而悲观地预示着人类将无可救药地走向死亡的话；他们则是局外人甚至非人似的机械地站在一旁，冷漠地预示人类在走向现代化的同时被现代化的种种机器挤压得无可奈何地失去自己的天性和人性。

如今，时间的潮水已经将"发电厂"和"退化"冲远，涌现出来的许多新摇滚乐队的面孔遮掩住了他们当年曾经年轻而怪诞的脸。但他们在70年代和80年代所起的作用是不可忽视的，即使他们现在被岁月风化成枯萎的标本，也能够让我们依稀看到他们当年的风采，他们对进入现代化所带给人类的物质的进步和精神的萎缩的双重思考，至今依然是沉甸甸的，而他们所作的寓言式的歌唱，并不是疯子的呓语，而依然是今天醒世的箴言。

他们在音乐上对于摇滚的意义，也应该给予充分的评价。他们极度地发挥了电子音乐的特长,丰富了摇滚的语言。日后不少摇滚乐队曾经得益于他们,"赶时髦"乐队明显地有他们的影子,这从当年"赶时髦"那张《101》的现场观众激动无比的场面中,就可以看出当年他们在电子音乐所制造的冰冷世界中已经有了一种感动的追求,无形之中将电子音乐发展到了新的高度,虽然依稀能够找到他们的影子,但却已经远离当年他们的初衷了。而在再后来的万格利斯等的电子音乐中,同样也能够找到他们当年埋下的种子在后来的日子发芽的轨迹。至于那些如今的流行音乐中对电子音乐的借鉴就更是多得见多不怪了,从喜多郎、雅尼,都可以毫不费力地找到他们当年呼吸出的气息。只是当年他们初出茅庐的时候如带刺的玫瑰一样清新而充满锐气,到了喜多郎、雅尼的手里则被改造得磨去了刺,光滑得如同保龄球和痒痒挠了。

一种艺术当年被认为是可笑甚至是大逆不道的先锋之举,时间可以将它磨洗得面目皆非,那些原来显得惊世骇俗的内容已经随事过境迁变成了老太婆,但它所创造的形式却可以被后人实用主义地为我所用,变得依然如妙龄少女一样历久长新。

黑色传教士之歌

将近四十年前,他们的专辑只卖出了500张,少得可怜,还赶不上街头的小贩一天卖出的雪糕数量。现在,2002年立春过后的第二天,他们的专辑《黑色传教士时代》竟传到了一个中国人的手上。音乐就是有着这样神奇的魔力,能够穿越时空,跨越时代和我们握手相逢。

许多摇滚歌手都是从模仿开始的,这一点都不奇怪,正说明摇滚具有一般流行都具有的传染的杀伤力。尤其是在大约四十年前"披头士"的年代,摇滚乐是以"披头士"前所未有的朝气、雷霆万钧般的成功和席卷全球的风靡,而成为几乎所有年轻人趋之若鹜的象征,像城市的中心花园和商厦一样吸引着人们不由自主地向他们走去,不到此一游,等于没有在那个年代里生活过一样。玩摇滚的就更不用说了,"披头士"的旋律、歌词、三和弦的节奏,乃至他们的服饰和发型,都成了玩摇滚的约定俗成的模式,被追随者心甘情愿地复制而四处招摇。20世纪60年代的中期,在整个欧洲,特别是在英国和德国等一些地方,"披头士"就是这样所向披靡,攻无不克、战无不胜,领衔主演于那个时代的舞台之上,不是潜移默化而是明目张胆地改变着人们的生活方式,重新组装着人们的大脑。我现在已经无法想象那时的他们以及他们的追随者疯狂的样子了,那绝对不是现在我们那些追星族可以相比的。我想大概是像我们60年代中期对所谓"革命"的那种疯狂吧,那时的语录歌如"披头士"的歌一样唱遍了城市乡村的每一个角落,撩起一阵阵久久散不去的狼烟;或者像如今的足球才能激发起的亢奋的激情狂澜,那种伴随着人浪起伏的"啦啦啦"的无字的球迷之歌,无需翻译成为了所有球迷相识的名片,成为了大家在球场上烈焰燃烧般欢呼和发泄的点燃物。现在,回过头来看,"披头士"在那个时代所起到的作用,就是这样近乎成了神而得到了歇斯底里的崇拜,颠覆着旧有的时代所建立起来的一切的价值体系和传统根基。在一个需要或正在变革的时代,音乐特别是摇滚有时就是这样起着先知先觉的作用,或破坏着,或建设着。

"传教士"(Monk)就是在这样的一个"披头士"主宰世界的时代出现的,他们不想跟着"披头士"轻车熟路地惯性地走,而是异想天开,另起炉灶,起草了反"披头士"的革命宣言,显得是多么的可爱天真,又是多么的不合时宜。他们无异于拿起鸡蛋向石头上碰,但一个时代如果都是死硬死硬的石头而没有了鸡蛋,该是多么的可怕。那么,即使鸡蛋碰破了就破了吧,毕竟还发出了另外的一种声响,流出了鲜黄如同小太阳一样的蛋黄来让世界看了一看。"传教士"的第一张专辑其实也是他们唯一的一张专辑,只卖出了500张就只卖了500张吧。我们到现在也只得承认"披头士"还是石头而且是巨石,"传教士"是鸡蛋而且是破鸡蛋。但是,他们以自己的声音和自己的形象竖立在那个时代,并能够让我在今天还能够看到他们虽然弱小却是属于他们自己的黑色身影,哪怕只是一个破碎的鸡蛋皮的影子。

回想最初他们所走过的路,和那个时代玩摇滚的年轻人没什么两样。这几个从美国内华达州的卡森城走到军营来的年轻人,在单调乏味的军旅生活中,在弥漫的越战空气下,蹉跎着青春,一年年过去没有挂上梦寐以求的勋章而一事无成。他们厌倦了,却没有别的法子可以超脱,因为围在他们四周的都是厚厚的墙。但他们喜欢音乐,只有音乐才可以帮助他们。他们便只有选择了音乐,以为音乐是他们的救世主。在他们退伍的时候,他们听从了一位喜欢他们唱歌的经济人的建议,没有回美国,来到了德国。那位经纪人只嘱咐了一句话作为临别赠言:"就是别让听众睡着了。"

那时,他们当中只有一个人会吹小号,适合演奏爵士乐,但当地没有爵士乐,只有摇滚,其中一个摇滚乐队缺贝斯手,这个小号手立刻买了一个贝斯,现扎耳朵眼现上轿,开始了他们德国的摇滚生涯。在艺术和生存的同时挑战下,艺术暂时要让位于生存的。那时,他们到美国大兵常常出现的酒吧里唱,和那时许多年轻人一样,他们是从卖唱起家,也是从模仿起家的,唱"披头士",也唱"滚石"(The Rolling Stones)和"奇想"(The Kinks)。60年代中期摇滚歌坛上,谁也无法逃脱"披头士"蝙蝠般巨大翅膀遮住的影子,他们给自己的乐队起了一个名字 Torquays,完全是"披头士"风格的翻版。

事过境迁之后,他们说在那样艰难的时候他们曾经这样安慰着自己:"当年德国的酒吧一个挨着一个,人们从一个酒吧进入另一个酒吧,想看看别人在干什么。那时,摇滚是新生事物,只要你会弹三和弦就能够找到一份工作,每个人都在弹着一样的东西,只是弹得好坏而已。这时候我们说,等一等,等一等。"

有时候,等一等,是需要的,也是重要的。在耐心的等待中,更清楚地观察对方,认识自己,寻找在世界中的位置,不在等待中死亡,就在等待中爆发。

他们首先开始发起了对正在鼎盛时期的"披头士"的批判。这不仅需要反潮流的勇气,因为我们每一个人都生活在潮流之中被潮流裹携着,身不由己或习以为常容易,而跳出潮流之上去做一把冲浪的弄潮儿是不容易的。同时,更需要的是内心的底气。这五个退伍的美国大兵这样评论"披头士":"'披头士'是一个伟大的东西,创造了甜蜜的东西,比如《她爱你》、《一周八天》。在我们的印象里,他们是甜甜蜜蜜的,他们的摇滚真他妈的好。但他们主要是甜美的和弦,而我们想可以有其它的路可走。所以,有一天我们不约而同地说我们已经厌烦了谈论'你多可爱'和'这世界多美好'之类甜蜜的垃圾。这世界并不美好,德国本身就是被灾难困扰的地方,而这里就是我们生活的地方。"

思想的批判永远走在行动的前面,理论的武器比任何真的武器都重要。虽然,他们并没有什么高深的理论,但没有被甜蜜生活磨出厚厚的老茧而还拥有着敏锐的直感,以及不满足于现状而挑战得过且过的勇气,对于一般人来说也足够受用的了。况且,他们还有识别甜蜜垃圾的能力,并不是什么人都有这样的能力的,不少人视甜蜜为最大的享受甚至躺在垃圾堆中以为是躺在绿草丛中。

他们酝酿新的乐队。

在成立新乐队的时候,他们记住别制作那些甜蜜的垃圾,也想起了那位经纪人的话:"就是别让听众睡着了。"

他们要和"披头士"的三和弦彻底决裂,那种弥漫了整个欧洲的主和弦、下属和弦、属和弦的三和弦,已经让他们忍无可忍,再这样下去就会让听众睡着了。他们向"披头士"传统的乐器下手,去掉了架子鼓旁的镲,早期非洲的梅素布达亚人演奏音乐时用鼓也用镲,但不把鼓和镲一起用,他们恢复了原始鼓的声响，并加了一个印度手鼓 tom-tom。他们又莫名其妙发现并起用了一种叫做班卓琴（banjo）的乐器，我不知道这是一种什么样古怪的乐器，只知道这种乐器不产生旋律，但能够产生强烈的更多种多样的节奏。只是当时他们谁也不会弹这种琴，他们就想当然地给它安了六根弦，用弹吉他的方法去弹奏了，再在琴前面放上两个麦克风，加大它的节奏效果。他们特别强调乐器音响的效果，他们说："如果你说这个声音不错，它很快就会老去；如果你说这种声音很脏、很可怕，那你将喜欢上它了。班卓琴就能够给我们这种感觉。"

他们同时向歌词开刀。他们厌烦了那种甜蜜而冗长的歌词，他们要自己的歌词和旋律一样地简单明了。他们说："我们要让所有的人理解我们说的话，在德国如果说的话太多，妨碍跨越语言桥梁而互相理解的可能。所以，简约主义的歌词是必须的。"他们所唱的歌词只是反对越战和非人社会以及爱恨女孩这三大主题。

他们最后向自己动手，在装束和演出形式上求改变。他们反感"披头士"那种油光锃亮向后梳的发型，而将自己的头发只留下两侧一圈，其余全部剃光，连同穿戴都变成传教士的样子。

1965 年，他们给自己这个新乐队起了一个名字："传教士。"

他们把他们的歌声和每一件乐器都当成了节奏来使用。粗暴尖利的吼叫声和对教堂唱诗班恶意的模仿和嘲讽，高音量、快节奏、低噪音的乐器音响，所充斥的是光怪陆离、阴森可怕的回声。如果需要一点旋律，他们只用手风琴。不过，那手风琴在这样黑色音乐里像是荒村里的野鬼孤魂一样，越发显得神经兮兮地梦魇般阴气逼人。那种森森的恐惧和怪异，三十年之后，连他们自己也说："如果让一个人呆在一个单元房里听我们的音乐，他肯定会疯的。"

他们这种发疯的音乐，倒是没有让听众睡着了，但当时听众很难接受他们。在德国，他们不是被当成摇滚来看，而是被当成行为艺术，人们觉得新奇，又觉得迷惑不解。仅仅两年，1967 年，他们这支"传教士"乐队就昙花一现般解散了。

逝者如斯，整整三十年过去了，在人们早已经把他们淡忘的时候，他们才如同从越南运回来的士兵遗体或武器残骸一般，从德国返回到美国，在自己的国家重新出版了唱片，得以重见天日。1997 年，专门再版以往年代先锋摇滚专辑的美国独立品牌 Infinite Zero 公司，不知怎么突然想起了他们，把他们如出土文物一样重新挖掘出来。应该感谢 Infinite Zero 公司，如果不是他们，我无法听到当年只发行了 500 张唱片的"传教士"。虽然，"披头士"在他们的反抗之下毫毛未损，到头来他们是以失败而告终，但他们的反抗并非没有意义只是一种螳臂挡车的无用功。从他们对于潮流的反抗，对于权威的蔑视，对于音乐形式的尝试，都能够看出一种难得的勇气和活力，为以后的朋克音乐和噪音音乐开了先河。更何况，在这盘新出版的唱盘里，他们做了新的编排，不仅有第一张专辑里所有的歌，还增加了七首未曾收录过的歌。仅从他们编排的曲目就可以看出他们的锐气依然不减当年，第一首《闭嘴》、第二首《我恨你》、第三首《混乱》、第四首《醉酒的圣母玛利亚》……他们依然没有原谅甜蜜，依然对宗教以反讽。他们依然以自己简单粗糙的音乐来做社会和摇滚反叛的愤怒礼赞。

　　我有时在想，如果没有他们曾经在军营的那一段经历，而同一般年轻人一样在平静中或在甜蜜的生活中长大，他们便很可能面对一切习以为常，跟在"披头士"的后面招蜂引蝶自得其乐。有的人一辈子都是在津津有味地吸吮着别人喝剩下甚至是喝光了的汽水瓶中的麦管，有的人则觉得吃别人嚼过的馍没味道。哪怕是作为失败者，"传教士"乐队过眼烟云般的存在也是有意义的，即使只是流星倏忽一闪，也闪出别样的光彩来。

Lo-Fi 中的"西巴多"

Lo-Fi(低保真)是 20 世纪 80 年代末 90 年代初出现的一个新名词。显然,它是针对"高保真"这个词的。我们现在买电视或音响,对"高保真"这个词都不陌生,它是音响技术的一种科技发展的显示。Lo-Fi 就是对它要反其道而行之,成心和它开玩笑。

Lo-Fi 出现的意义,不仅仅是技术的一种简单的倒退,而是对高科技发展下越发物化的世界一种针锋相对的对抗。只是 Lo-Fi 不是拿起同样先进的高科技武器,而是饮毛茹血退回到原始的老路上,操起了简陋笨重的大刀长矛。这样的举动,有点像孩子,大人用高级的建筑材料盖房子,我就撒尿和泥盖自己的泥房子。

据说,提起 Lo-Fi,流传着这样的笑话,说只要你有一把音都不准的烂吉他、一台简单的四轨录音机,再有一份失恋的经历,你就可以在家里制作摇滚的经典了。真不知是嘲讽,还是揶揄,或是现实里的真实?

一位叫做迈克·鲍曼的 Lo-Fi 歌手曾经写过一首《在 Lo-Fi 高速路上》的歌,他这样唱道:"在 Lo-Fi 的高速路上,看烟头在烟缸中堆积如山,听那颗失落而疏离的心灵,在家里作出了摇滚歌曲。"

两者有着异曲同工之妙,对 Lo-Fi 的描述都八九不离十。Lo-Fi 出现在物质高度发达的时代,以粗糙的手去触摸细腻的丝绒,以锈钝的刀去裁秀美的云彩,以漏洞百出的篮子去装甜美红润的苹果,这种刻意为之的反差,居然在 90 年代的摇滚史上制造出了一幕生机勃勃的风格剧来,是非常有意思的现象,吸引我去听听它,不知道梨子的滋味,就去亲口尝尝。

我找到的两盘唱盘是"西巴多"乐队(Sebadoh)1994年出版的《卖面包》和1999年出版的乐队同名专辑《西巴多》。谁也弄不明白他们自造的这个"西巴多"英文到底是什么意思,就如同如今署在网上那些帖子上自造的莫名其妙的笔名一样,只是和你逗逗闷子,给你找一个乐。

这个1989年在麻州阿莫斯特城成立的乐队,其他成员走马灯似的频繁更换,而主将洛·巴娄(Low Barlow)和埃里克·加菲尼(Eric Gaffney)虽然也矛盾重重,却一直坚持着成为乐队的中坚,所有的歌都是出自他们两人之手。迄今为止,他们已经出版了将近二十种专辑,在Lo-Fi的热潮中是支颇具活力和实力的乐队。从他们这支乐队的出道可以看出Lo-Fi大同小异之路。当时,洛·巴娄在著名的Dinosaur Jr.吉他乐队当贝司手,不幸被乐队踢出,一个人跑回家,没钱没事没爱情,无所事事中遇见了无所事事的埃里克·加菲尼,又遇见了无所事事的鼓手贾森·洛韦斯特坦(Jason Loewenstein)。三个人没有大乐队的支持,并且一受主流乐队的精神挤压,二受口袋里兵力不足的经济压力,只好另辟蹊径,跑回家里,就像是我在前面说的那样,用不着花什么钱,找到一把音都不准的烂吉他和一台简单的四轨录音机,就开始招呼,大干快上,以那种噪音嘶嘶乱响、木吉他如同断了弦似的暗哑周折的声音制造出粗糙已极的怪异效果,出版了他们的第一张专辑《自由男人》。

自由男人,是他们的自况,也是Lo-Fi的象征。

回顾以往,一部摇滚史是充满着自觉的有规律的律动的整体。不断地激进地超越自我,再激进地偏离自我,然后重新回到自我,是不少乐队前赴后继留下的轨迹。民主和自由,从来都是摇滚得以不断搏击云天的一对翅膀。

其实,只要想一想摇滚最初的出现,就是以这样自由和民主的姿态,面对当时古典音乐强悍地主宰的世界。摇滚那时的意义就如同我们民国初期剪掉了盘在男人头上的长辫子、解放了妇女三寸金莲的小脚。摇滚脱掉了古典音乐繁文缛节臃肿的华丽外衣和白手套,走出枝型吊灯和铺着猩红地毯的殿堂,而让民间粗俗的音乐赤裸着身子踏在尘土飞扬的路上。并且,他们以自己的表演形式打破了古典音乐听众必须要着晚礼服鲜艳如同新出锅的虾般的贵族模式,而可以和他们一起狂歌狂舞,将内心的感情不再压抑不再中规中距不再假模假式而如喷泉一样淋漓尽致地水珠四射地喷发。随着进入20世纪在民主化进程中,摇滚就是这样以贫民的姿态,在打破以往被贵族和假贵族把持的学院派和经典派的实践中,迈出了音乐民主化进程的有力而醒目的一步。

如果我们再从摇滚自身音乐发展的历史来看,摇滚刚刚有了自己的声势,就出现了艺术摇滚不满意粗糙的现状,企图以古典和民谣相结合,以一种后退的折中主义让当时的摇滚出彩儿。但是,马上就又出现了朋克,重新以更加的粗糙愤怒地反对艺术摇滚的保守。以后又出现了后朋克,不满意朋克的粗糙的直抒胸臆,使得音乐和感情更加复杂压抑曲折甚至幽暗……摇滚就是这样激烈偏颇且肆意地不断否定再否定着音乐的内容和形式,书写着自己的历史。一代一代摇滚乐队竖起的墓碑,就像是犹太人的墓地里那些墓碑一块一块、一层一层叠叠垒压着,彼此反对着、对峙着,也彼此衔接着。

如果我们再从摇滚的乐器来看,当三大件丰富了简单的吉他日后成为了定势之后,合成器出现了,电子音乐突破了原来的器乐定势,成为了新的工具。马上又有人不满意,开始加入颤音器、非洲达姆达姆鼓、萨克斯、长笛、铜管乐,小提琴、钢琴,甚至整个交响乐队。然后,便出现了对这些越来越好听越来越丰富也越来越复杂的乐器的反动,就是 Lo-Fi,退回到原始的粗糙和简陋。

如果说摇滚里有许多东西是代表着时代的精神的,那么,60 年代的代表应该是那些政治性的民谣,70 年代的代表应该是那些激进的朋克……Lo-Fi 则是代表着 90 年代摇滚精神的重要组成部分。Lo-Fi 的出现,告诉我们或是提醒我们,在中产阶级和小资纷纷出笼而最容易把音乐当成附庸风雅的时代,音乐其实就是这么简单,没有那么多故弄玄虚的深奥,而是这样地简陋这样地平民,可能让你羞愧觉得不能像掏出香水罗帕或情人节的巧克力和玫瑰花一样拿得出手。它同时告诉并提醒我们,在高科技的数字化时代,在音乐工具发达得如同机器可以吞噬人性的时候,Lo-Fi 回到了农业时代的小作坊,让音乐重新充满人性和私密性。Lo-Fi 走了一个螺旋式的回头路,又回到了朋克当年的 DIY 精神,那就是自己动手,丰衣足食。

他们不再惧怕自己的势单力薄,不再惧怕自己是丑小鸭而去做灰姑娘的梦,他们不再惧怕高科技的气势逼人,不再惧怕正统社会的政治与商业社会的经济对他们的双重挤压,他们可以不必依附任何势力而很简单地就完成了自己的音乐制作和创造。这就是 90 年代摇滚的精神:自由和民主。

Lo-Fi 让我想起美国曾经流行过的黑人的涂鸦艺术和现在流行的 DV 拍

摄影片，它们和Lo-Fi殊路同归，本质都是将所谓高雅贵族的艺术让每一个普通的人都可以简单易行地玩得了、玩得起、玩得成功。

Lo-Fi也让我想起现在流行的一个口号：回归自然，回归自我。

摇滚总是这样能够从它自己独特的角度来注释历史。

从这样的角度来听"西巴多"，多了一份别样的心情。《卖面包》非常好听，是最受欢迎的一张专辑，封套上那个光屁股的小孩伸着小手在厕所的便桶里探索，有着乐队顽童的戏谑。《西巴多》是他们的新专辑，封套上简单稚拙的线条画面和字体，同样体现着他们的顽童气息，他们就是要调皮地和你在音乐中玩耍。

这两盘唱片的味道，和他们最初出道时的唱片肯定不大一样了，但仍然可以听出他们的一些风格，那就是万变难离其宗的粗糙和简陋。洛·巴娄的歌是民谣类，嗓音粗砺而浑浊，却很动听，一种隐隐抒情的野花藏在乱石丛中。埃里克·加菲尼的歌是朋克的翻版，迎风嘶喊着，像是风中猎猎抖动的旗，一种狂躁情绪的发泄，粗壮的蟒蛇一样在沉闷笨重的吉他声中迅疾地游走。听他们两人的歌，在这样风格不同的两极中上下起伏，如同坐船颠簸在大浪翻涌的江河中，忽而涌上浪的高峰，忽而又跌进浪的低谷，体会那种冲浪般的快感。而那些嘶嘶不断的粗糙噪音像是在自己家里笨拙的录音，给你一种亲近感，让你觉得和他们离得并不远，一伸手就能够摸得到他们的手和他们的那把破吉他。

我是你的一面镜子

关 于 尼 可

现在看尼可(Nico)年轻时的照片,已经分不清她是否真的漂亮。并不是岁月已经把漂亮洗刷殆尽了,所看到的有关她的照片都有些模糊不清,只能隐隐看见她那一头金发好像曾经飘逸过,也曾经被人温柔地抚摩过。也许,是她的身材漂亮,毕竟她在巴黎做过一段时间的时装模特。或许,一切都并不重要,重要的是那时她非常年轻,青春就是一张最漂亮的通行证而可以畅行无阻。她和"地下丝绒"乐队合作那盘著名的《地下丝绒和尼可》时才 22 岁,正是最好的花样年华。要不"地下丝绒"的鲁·里德和约翰·凯尔不会都那样喜欢她,以至因为她而闹得乐队分裂。

一个年轻的姑娘如果仅仅有才华,或者仅仅漂亮,都会是幸事。但一个年轻的姑娘既有才华又漂亮,就不见得一定是幸事。因为这非常有可能一半毁在世俗手里一半毁在超越世俗的艺术手里,一半毁在男人手里一半毁在女人自己的手里。

尼可命中注定不会一帆风顺。

这位我们现在看来是哥特摇滚的创始人,在 20 世纪 60 年代初期不到 20 岁的年龄却是籍籍无名。她独自一人离开家乡德国柏林,其实柏林也不是她的家乡,只不过她后来加入了德国国籍而已。她出生在匈牙利,父母分别是西班牙和南斯拉夫人,注定了漂泊就是她一生的命运。她先是跑到意大利,然后又跑到法国,跑到美国,早早地开始了她漂泊无羁的生涯。当我看到她这一经历,忽然想到现在我们许多年轻人不是也和她一样在年轻美好的年华离开家乡和祖国跑到遥远的国外,开始了漂泊生涯。为了什么呢?还不是和她一样用青春做赌注,期待着只有一次的最可宝贵的青春能够出现梦想中的奇迹,体现出最大的价值来吗?年轻的时候,梦带他们到远方,谁都会像长了翅膀的鸟儿一样,可劲地往外飞,外面不可知的地方,往往最具有诱惑力。他们不会想到那些地方可能是你起飞的弹跳板,也可能是美丽而温柔的陷阱。

从某种角度说,尼可应该是这些出国淘金梦的幸运者。她就凭着她的漂亮和才华这两个条件,以为可以所向无敌。的确,在开始的时候她并不像有的人那样撞得头破血流而是轻易地撞开了世界的一扇扇大门。她在巴黎竞争那样激烈的地方当上了时装模特,在意大利颇富盛名的导演费里尼的电影《甜蜜的生活》里担任过角色。而后又凭着能操七国语言的天赋,带着她不到20岁时和阿兰·德隆生下的儿子的照片,像带着胎记或名片一样,来到了美国,没头苍蝇似的乱撞,先是遇见了安迪·沃霍尔,在沃霍尔的电影《切尔西女郎》里出演一个并不重要的角色;然后又尝尝鲜般去唱歌,在她刚过20岁的时候录制了一首单曲《最后里程》,也并不成功,却也无所谓,照样还是在闯荡。青春就是在这样一次次的跌撞之中褪去了一层层青春豆而磨起了老茧。

1966年,尼可22岁的时候,由安迪·沃霍尔推荐参加了"地下丝绒"乐队。这一步对于她至关重要,可能连她自己当时都没有想到,这等于揭开了她人生新的一幕。在模特、演员、歌手等多枚棋子的乱碰之后,她的终身事业演唱生涯莫名其妙地正式开始了,她的名气也悄悄地开始了,而不再仅仅是跟在费里尼和安迪·沃霍尔的后面,笼罩在他们身后的影子里了。

其实,尼可和"地下丝绒"合作的那盘经典唱片里,一共十一首歌中,尼可唱的只有两首歌:《所有明天的聚会》和《我是你的一面镜子》。但就是这两首歌成全了尼可的一生。

但也过早地结束了她的一生。

两首歌中,《我是你的一面镜子》是鲁·里德特意为她谱写的,是献给她的一首爱之歌。但爱情对于一个拥有才华和漂亮两种财富的女人来说,可以是一道让人艳羡的变色口红,却也可以是一枚好看不好吃而且难以消化的无花果。我不知道最终鲁·里德和尼可为何没有将这一首爱之歌唱到底,我只知道并不止鲁·里德一个人和尼可有染,约翰·凯尔、杰克逊·布朗、吉姆·莫里森、伊基·波普、鲍伯·迪伦……很多当时鼎鼎有名的歌手和她的关系都非同一般。当然,不能是说这些人害了她,其实是这些人帮助了她,他们中不少人专门为她以后出版的专辑写过歌,没有他们的帮助,不会有她日后的成功。但是爱有时就是这样呈相反的方向带着人不由自主地走,爱越多越大,加速度就越猛,便如滑下坡的滚石一样无法遏止。况且,这到底是不是真正意义上的爱,恐怕连她自己也不确定。

从 30 岁到 40 岁之间这十来年中,尼可在这样的山坡上做这样的滚石运动。她身不由己又乐此不疲。一般女人也是在这样的年龄阶段容易被爱包围或迷惑,弄得心旌摇荡、精神疲惫而将一生的日子失去了平衡。只不过一般女人靠性靠梦或眼泪或混乱放荡来维持这已经倾斜的心和日子,而尼可在这段时间里是靠更为可怕的毒品来维持的。

毒品让死亡更加接近了尼可。

而在那次著名的欧洲巡演的现场,尼可对观众们说:"我是为你们的死而来演唱的。"她刺激她的观众,其实,也是事先留给自己的谶语。

除了《地下丝绒和尼可》之外,60 年代,尼可还曾出版了《切尔西女郎》;70 年代,她出版了《大理石目录》、《戈壁滩》两盘专辑;80 年代出版了《行动或死去》、《流放剧》两盘专辑;91 年,在她死后的第三年出版了《空中花园》,其中有她死前最后的一些珍贵的录音,并有她重新演唱的鲁·里德和大卫·鲍伊的一些歌曲。在整个 90 年代,出版了各种版本她的精选。在这些或成功或不成功的唱片中,人们听不出她在这二十年来的真实心情,找不清她的脉络轨迹,只能听见她二十年来一如既往的冷漠和悲凉,镜中花、水中月一样,似是而非,迷蒙一片。她把自己所有的心情和感情都隐藏在她这样的歌声中了,她大概以为这样才更加符合自己和这个世界。摇滚为她遮挡起隔绝世界和我们的一道厚厚的墙。

尼可曾经这样解释自己的歌:"我不是为观众演唱,我尽可能保持独处,不和任何人接触。我喜欢那些悲伤的歌,我喜欢即兴演唱,把当时的感情抒发出去。"

一般音乐界评论尼可的歌是晦涩阴暗、鬼气森森。不知为什么,我听她的歌却听不出这种感觉,听她在《地下丝绒和尼可》中演唱的那两首歌,冰冷确实是冰冷,冷漠确实是冷漠,但在冰冷和冷漠之中却有一种寥廓霜天清净浩森的感觉,她那浑厚得听不出一点女性化的嗓音,在不动声色之中变化着渗透出一种神秘感。有时候,我会觉得她像是一个阅尽春秋的老人在街头卖艺时那种凄凉卖唱而毫无表情的样子,有时我又会觉得她像是一个世事未谙的孩子在教堂里唱圣歌那种纯净的样子。如果说她的歌如冰一样的冷,确实是有那么一点的冷,却也冷得如冰一样的清澈洁净甚至透明。她的那种在寒冷浑浊中洁净透明感觉,实在像是开放在污泥中抖动在秋末寒风里洁白的枯荷残莲。她是飞翔在黑暗中的白鸽子,而不是蝙蝠。我很为自己突然感受到这种感觉而奇怪。

当然,这只是我自己的感觉而已。

1988年,尼可44岁。这一年,她一直孤独一人生活在西班牙一个叫做伊维萨的小岛上。一天,她上街买东西,突然一个跟头栽了下去,便再也没有起来。脑溢血。她就那样孤零零地倒在街上,脑袋里的血液在破裂的血管里突然奔流,又戛然而止。过往的行人那么多,却没有一个人认识她。毕竟在这个世界上听摇滚的人不多,听哥特式摇滚的人就更不多了。谁也不会想起或知道她就是那个曾经和"地下丝绒"一起唱过《所有明天的聚会》和《我是你的一面镜子》的人,她只是一个四十四岁被毒品弄得有些苍老的女人。

她突然一个跟头倒地的情景,总是像电影里不断重放的慢镜头一样浮现在我的眼前。这篇文章写到这里,我到台湾去了一个月,在台湾的日子里,奇怪得很,尼可的影子总是不时地并不清晰地掠过我的脑海,便让我想起临离开北京时匆忙写下的这篇文章,不能就这样结尾呀。在那些个远离家的日子里,也许多少能够体会一些尼可短短44年漂泊的生涯。她一辈子是在孤独漂泊中度过的,一辈子没有找到自己的国和自己家的感觉,只是最后的几年时间里生活在曼彻斯特和伊维萨岛,想图个清净,谁想伊维萨岛竟成了她生命的归宿。

可以说,尼可是这个世界上第一个多媒体时代的明星,和她同时代的玛丽莲·梦露也是明星,但只是电影明星,不是多媒体明星。只有她是,在三维的屏幕上,在服装模特的T型台上,在演出的舞台上,她都是明星。但是,她生得有些不合时宜,她所开创的哥特摇滚风格,在她死后出现的后朋克才红火起来,她也才被重新提起,比她后起的"治疗"和"西克苏女妖"乐队生正逢时,享受了本该她享受的荣誉。她像一个遥远的先知一般,在后朋克时代到来之前突然死去,有点像我以前看过的电影《中锋在黎明前死去》,那些迟到的鲜花只好摆放在她的墓前和再版的唱片里,或者桃代李僵送到了别人的怀中。不过,既然她是一个先知,她生前就并不在意这一切,她像是早就看透了这一切似的,逃遁在这一切世界之外,跑到了伊维萨小岛,以为那里是她的世外桃源。她就像是一个交通四通八达地方的隐居者。她成了现在资讯疯狂发达的时代却连自己的出生地都不能确定的一团模糊的影子,淡出在阳光灿烂的云天之外。

我有时想,她也算不上是一个先知。她只是一个女人,只是比一般女人多出了漂亮和才华两样东西。这两样东西使得她身上出现许多悖论,比如引领她成名的她那特殊的嗓音,这沙哑低沉的嗓音明显像是男人的声音而掩盖着自己女性的特征,她是这样先天无意识地向男人靠拢着,并且事实证明她的这种靠拢暂时得到了这个以男人为主宰的世界的承认,那种承认只是男人在听完她的歌后喝口酒抿抿嘴点点头而已,就像和她上完床之后拍拍她的肩膀或屁股一样。她的这种投怀送抱的靠拢,最终并没有得到这个男性强权世界的爱护和认同。男人的世界在运用了她、利用了她之后,最终是拒绝她,抛弃她,甚至背叛她。

难道不是这样吗?和她交往的人,无论鲁·里德也好,约翰·凯尔也好,鲍伯·迪伦也好,安迪·沃霍尔也好,或者是导演费里尼和菲力浦·卡雷尔也好,或者是在她不到20岁时就和她生了一个儿子的阿兰·德隆也好,都是我们所说的大腕儿。可以说,她没有向他们任何人索取过什么,她不像某些女明星那样利用这些大腕儿为自己的前程铺平道路,这样起码不会孤独地死去而一时无人知晓那样凄惨。她是一个天生害羞的人,陌生人和她讲话,她都要回过头去,不好意思看人。可以说,都是这些大腕儿向她索取,都想在帮助她的同时得到她的一些什么,不要说阿兰·德隆和她生了儿子后再不去理她了,就是这个儿子不也是后来用她的命运写了一本关于她的书来赚钱吗?更不要说她的朋友在去世之后拿走了她生前最后的录音出版唱片去赚钱。和她有过一段感情的法国导演菲力浦·卡雷尔在她死后用这段感情拍了一部电影《余声不再》,菲力浦·卡雷尔甚至对那个饰演她的女演员提都没有提起过她这么个人,以至到拍片结束这个女演员买到她的唱片后才知道她看到她的照片听到她的声音。他们在她生前用她的肉体和感情满足自己的需要,在她死后用她的名字来图名谋利,是如蚂蟥一样一直在吸吮着她的血。

我有时在猜想,也许正是她看透了这残酷的一切,才背叛了这个世界。这个无情的世界便也残酷地背叛了她。

离尼可 1988 年去世已经十多年过去了。现在再来听她的歌,冰冷如冰一样的歌,黑暗如夜一样的歌,心里真不知是一种什么样的感觉。如今,约翰·凯尔、杰克逊·布朗、伊基·波普、鲍伯·迪伦……都还健在,不知他们会是什么样的感觉?鲁·里德也还健在,他还会在偶尔之中听听他曾经特意为她谱写的那首《我是你的一面镜子》吗?那飘逝在过去岁月里的音符还会保鲜到今天吗?

尼克·凯夫和PJ·哈维应该都属于诗人一类,这样说,不仅仅在于他们都是自己写歌词和音乐(那些歌词就是诗),而在于他们在演唱的同时把声音也化为了诗,诗和音乐一起融入在他们的血液里。

你是我唯一从未讲过的故事

听 PJ·哈维

第一次听 PJ·哈维（PJ. Harvey），是在尼克·凯夫的那盘《谋杀音乐》的磁带里，她和尼克·凯夫一起唱最后一首歌《死亡并没有结束》，唱得非常动听，她的带有神经质的低沉嗓音在忽起忽落里含有一种异样的种子，电吉他和架子鼓只轻轻一撩拨，便立刻在歌中开出奇异的花来，格外打眼。

我记住了她的名字：PJ·哈维。一个很好记的名字。据说，她和尼克·凯夫为这首歌而有一腿，传闻传得到处都是。我不关心这些，即使真的如此，尼克·凯夫和她都是摇滚界的顶级人物，好也是很正常，惺惺相惜嘛。只是听说后来尼克·凯夫又和澳洲的歌手凯莉·米洛好上了，凯莉是个美女，但作为歌手远不如 PJ·哈维有名。当然，这只是听说来的传闻。

在摇滚歌手里，有人天生就是诗人，有人唱一辈子只是唱歌的歌手而已。这种区别很重要，不敢说如天堂地狱一般悬殊，但像一边是大树一边是小草的比喻应该是分明的，草当然有茂盛铺满一地的样子，但难有大树的参天和葱郁。尼克·凯夫和 PJ·哈维应该都属于诗人一类，虽然，他们都有点神经质。也许，诗人都有点神经质。这样说，不仅仅在于他们都是自己写歌词和音乐（那些歌词就是诗），而在于他们在演唱的同时把声音也化为了诗，诗和音乐一起融入在他们的血液里。不是每个歌手都能够做到这一点的，有不少歌手怎么唱也只是一嘴口香糖和爆米花味。

只是在有一段时间里，我闹不清 PJ·哈维长得是不是漂亮。也许，这只是男性在听歌时对女歌手的一种下意识的想入非非。听音乐就是听音乐,管她是不是漂亮干吗?难道漂亮就可以使得歌声也同样漂亮起来,不漂亮就有损她的歌声吗?漂亮和歌声是两回事,漂亮纯粹是爹妈给的一份福分,歌声毕竟是上天赐予的一份天才。我倒是懂得这个道理,只是因为我第一次看见 PJ·哈维的照片是她穿着性感十足的泳衣人高马大地在街头拍的,给我的感觉并不美,有点招摇的感觉。

况且,PJ·哈维确实重视性感,从歌的内容到她自己的装扮到她的表演,是彻头彻尾地重视,淋漓尽致地表现。她的头三盘专辑《干》(1992 年)、《干掉我》(1993 年)、《带给你的爱》(1995 年),都极力张扬她对女性的性别性感和性欲力量的过分热衷。她那种哥特式摇滚方式以及她那狂放不羁、幽暗阴郁的嗓音,都和歌的反叛内容那样炽烈吻合相得益彰,烈火干柴般燃烧起彼此。有人这样评价她的这些歌:"仿佛无可逃脱的情欲旋涡般地令人窒息。"而她那种故意的浓妆艳抹、一袭豹皮大衣随时可能滑落在地露出雪凝肌肤那种带有挑逗意味的衣随风动、金豹狂舞的煽情,都让人忍不住本能的性欲翻腾,当时被称为"性目标"(sex object)。她的音乐和她本人都被当成性的化身了,让我对她总有点看法似的。

当然,这样的节外生枝和她的刻意并不妨碍我喜欢她的歌。一直到了我听了她的《是欲望吗》和《双城故事》之后,看到她在这两盘唱盘上的照片,才洗刷掉以前对的那种印象。还是说不上有多么的漂亮,虽然她曾经入选过《人物》杂志全球 50 名酷女之一。前者上的照片是在幽静的水边,一身白衣的她像个孩子;后者上的照片是在夜色中的大街,一身黑衣的她文气了许多,大鼻头也俏皮了许多。一个歌手的风格和内心远比几张照片要复杂得多。

这位出生在英格兰养羊农场的歌手自 1992 年花了不到三千英镑出版了她的首张专辑《干》之后,近十年来一共只出了六张专辑。数量不多,但在摇滚界里,她的影响不小,说她是女摇滚歌手里的尼克·凯夫一点不为过。不像我们有的歌手,磁带出得和鱼甩籽一样多,就是没有一首歌让人记住的,都死在自己的歌里了。《是欲望吗》是她的第五盘专辑,1998 出版;《双城故事》则是在 2000 年最新出版的一盘专辑。前者是她自己一人连唱带吉他,后者有大名鼎鼎的尼克·凯夫乐队的贝斯手米克·哈维和 RADIOHEAD 的主唱汤姆·约克前来助阵,搞得轰轰烈烈的,一时间媒体上到处都在说这张新唱片,PJ·哈维的面子够大的。

两盘专辑的变化很大。她对自己曾经宣泄过的性欲有了内敛式的反省,性欲并不仅仅是女性解放的标志,她开始成熟地思考性欲、情欲和人生与社会更为复杂和深刻的关系了。音乐方面也有了相应的变化,前者PJ·哈维单纯的声音配着单纯的鼓点,纤细的歌声像走在钢丝上,有一种凄绝的美,尖细的声音让你担心她会从钢丝上跌落下来。这盘磁带中大多数歌唱得都跟耳边絮语似的,犹如杨花似雪,漫天飞舞,柔软地铺满一地,却只是虚幻的雪花。而她自己弹拨的吉他狗一样望着主人,间或凄凉地叫几声,时而迸发的尖叫,如同金属的利器划过磨花玻璃,余音颤抖在干燥的空气里,是前几盘专辑里少有的。后者的音乐丰富了许多,PJ·哈维的嗓音也极尽变化。据说PJ·哈维的这盘新专辑是在美国的纽约和英国的多西特两地分别完成的。就像她在一首《好感觉》的歌里唱的:"有时候我可以穿过水火,从英国到美国,可以看到很远的地方。"这盘专辑的名字《双城故事》或许即是她这样想入非非的一种表诉。多西特位于英格兰西南部,濒临英吉利海峡,是哈代曾经描写过的宁静的乡村田野,是美丽的苔丝姑娘生活和恋爱过的地方,绿树和野花在没有污染的风中清新地呼吸着,和纽约人流鼎沸的喧嚣形成了鲜明的对比,当然会影响着PJ·哈维这盘音乐的制作。奇怪的是为什么PJ·哈维要这样选择如此迥异的两个地方?就是为了使对比更鲜明昭著而使得心和音乐都有些承受力和承载力吗?故意让音乐像鸟儿一样飞翔于双城之间,让自己的歌多一些纽约的灯红酒绿,也多一些多西特田野和海滨的风?还是多西特的乡村是她的故乡,淳朴的泥土气息撩拨着她的心扉?但是,音乐的创作天然是从心灵中流淌出来的,而非由地域生长出来的,旋律不可能像是橘易地而成枳一样变化简单明了,更不会像是生孩子非要选择一个产房才保险。这种双城对比的故意选择,明显地带有一种刻意。无论是从商业的角度出发,还是从音乐的标新立异出发,都已经离开了艺术的本质。

在这盘唱盘里,可以听到如同上一盘类似的絮语般的歌声轻扬,细雨柔风,林深草密,山岚雾影,只是多了贝斯、电子钢琴甚至合成器,还有贝斯手和鼓手人的回声,极尽迂回曲折之妙;更多的是能够听到PJ·哈维的另一面,热情奔放,她的嘶鸣般的呼喊,节奏强烈,电吉他打足了气似的,像是风助火势,让她的歌声变得如风雨中的鸟儿似的,飞翔得那样惬意。但有时也像是淋在大雨中的花朵,一朵朵被雨水踩躏得变湿变软,飘零一地,花容失色,却不甘心似的从地上借着风吹起,还梦想着能够像鸟一样飞上天空。

当然,也可以这样说,她的音乐的这些变化似乎更向流行靠拢。有些歌唱得太像帕蒂·史密斯了,简直就是帕蒂·史密斯的现代版。

不过,她和汤姆·约克合唱的那两首歌,还是非常动听。不知是她特意为汤姆·约克度身制作的,还是本来他们就是天作之合,那两首歌唱得如风相随,琴瑟相和,格外得清爽宜人。在《美丽的感觉》中,PJ·哈维一人抱着吉他轻轻地弹唱,汤姆·约克只是作柔和的吟唱,如果不仔细听,几乎听不出他的声音,却轻柔地起伏摇曳,恰到好处地衬托出PJ·哈维的声音来,高超的喂球让PJ·哈维上篮得分。而在《我们处在一团糟里》里,突出的是汤姆·约克,PJ·哈维一下子收心敛性,变得像是听话的猫似的了,依偎在汤姆·约克的歌声里。汤姆·约克的歌声充满感情的张力,委婉之中透着哀婉,丝丝缕缕的,有着抽心裂肺一般的穿透力。在最后汤姆·约克唱着"我不能想我们再次相遇……"时,PJ·哈维在一旁用同样的话诉说着,宛若飘落下枝头的两片叶子在风中挽手散步似的,明朗的阳光在叶子的上面闪闪发亮,飘拂的韵律是那样的和谐,连周围的风和空气的律动都那样一致。当PJ·哈维在副歌中唱道"城市的太阳升在我的头顶"时,汤姆·约克假声伴唱,上下起落,一种云遮月的感觉,非常地美。在这首歌中,如果说汤姆·约克是一株树,PJ·哈维是绕着树的一弯溪水的话,那感觉便是树醉秋色,溪弹夜弦的图画,树旁有溪水潺潺,水中有树影婆娑。

同有些另类女歌手比如 Cocteau Twins 中的伊丽莎白·弗雷泽那吐字含混不清的歌声不一样,PJ·哈维的歌声吐字很清楚。前者听的只是一种感觉,是一种氛围,江流天地外,山色有无中;听 PJ·哈维则清清爽爽,脚踏实地,歌词和音乐融为一体形成的摇滚是一种化学反应,诞生的是诗,所以,听 PJ·哈维时,是掬水月在手,弄花香满衣的感觉。

在另类女歌手中,PJ·哈维是少数被主流音乐所认可的一位歌手,曾有获得格莱美大奖和三次 Mercury 提名奖的破天荒的记录。她有自己突出的特点,包括她的嗓音,她的音乐,她的诗人的文采、智慧和气质,还有她对生活的基本态度,当然,也应该包括她对商业运作的态度。在这张她的最新唱盘《双城故事》中,她表现并探讨了性、家庭、命运、信仰等等的社会问题,同时她也关注并歌唱着爱,在阴沉的底色中有一抹难得的亮色,在摇滚的进程里偏于世俗的一面,让她乖巧地讨好两面。《双城故事》里的一首歌《这就是爱》,有一句这样的歌词:"你是我唯一从未讲过的故事,你是我弄脏了的小秘密。"这句含有感情色彩也富于流行味道的歌词,透露出她的一些心绪,或许我们可以这样以为,这并非真的是PJ·哈维对这个世界上唯一能够使得人美好起来的爱的一种保护和向往,而只是她摇滚生涯的一个变数,是为了市场和她的歌迷,而不仅仅为了她的心目中的音乐。

不过,我总觉得这样来说PJ·哈维,有些苛刻。就我个人而言,我还是喜欢她的这种变化,摇滚走得疲惫了,另类走到极端了,便又走回到世俗,关心一下普通而正常的感情和家庭,并不就非得是摇滚的逆子贰臣。那么,无论是弄脏了的小秘密,还是从未讲过的故事,都小心翼翼地把它们变成歌变成诗保存在PJ·哈维和我们各自的心底,有什么不好呢?

整个故事的一个开头
　　——关于凯特·布什

　　凯特·布什(Kate Bush)是那种你一听就会立刻喜欢的歌手。她的歌声有一种命定般的磁力,一定能够让人别无选择。起码对我是这样。

　　凯特·布什出的磁带有许多种,我听的只是其中的两种:1986年的《整个故事》和1993年的《红舞鞋》。但就是这两盘磁带也足以让我领略了她歌声的力量和魅力。虽然,很遗憾我没有听到她在1978年刚刚出道时出品的第一盘带子《内省》和第二盘带子《勇士》,尤其是《勇士》的封面上是她很前卫的一张照片:金发披肩赤身裸体,做一头狮子扬鬃怒吼状,颇具有象征的意味,她曾经被称为"狮女",她就是这样以奇思妙想不同凡俗而惊艳于世的。不过,即便《整个故事》和《红舞鞋》这两盘磁带也很能够代表她的音乐风格和水平。前者让她在第16届英国BRIT大奖中获得了最佳女艺人奖,后者让她首次挤进美国排行榜的前30名。

　　况且,《整个故事》是她1978年到1986年八年之间作品的精选,一网打尽她的好歌十二首,其中有她17岁就开始演唱、1978她20岁时青春最美好季节正式推出的第一首成名之作《呼啸山庄》。这盘磁带里的《呼啸山庄》是她1986年28岁时的重新录制,八年的光阴似乎没有改变她什么,倒是把她的歌声磨练得越发精粹而耐人寻味。听她八年之后依然一遍遍在高声呼唤着她的同胞艾米莉·勃朗特的小说《呼啸山庄》里的主人公的名字:"希斯克利夫,是我——凯西,我回来了;我是这么的冷,让我进入你的窗户……"那疾如密雨的音速,那尖利如同刀刃划过透明玻璃的嗓音,细弱丝弦,时时有迸裂的危险,却时时如高空中钢丝上的精灵一般盘桓,实在让人听了柔肠寸断,撕心裂肺。

据说,这首歌的创作起源是凯特·布什当年看了根据小说改编的电影《呼啸山庄》,电影的结尾女主人公凯西死了,但她化为了灵魂穿越茫茫荒野回到了呼啸山庄,希望重新获得她的恋人希斯克利夫。这个结尾很让凯特·布什感动,她认为表现出了当人类得不到自己想要的东西时应该如何对待这个冷酷的现实,她觉得凯西是一个被命运折磨的女英雄。在谈到这首她最有名的歌时,她说:"我要站在凯西的角度上写这首歌,凯西想要得到希斯克利夫的灵魂,那么即使死了她也不会孤独,在那个精神的世界里,她和希斯克利夫也能够生活在一起。"凯特·布什是站在了摇滚的角度上看待凯西,才会把凯西当成了主角,更把凯西当成了女英雄。想起是她 17 岁时创作的这首歌,一个 17 岁的小姑娘竟能够冒出对爱恨情仇和生死命运这样奇特的想法,实在让人叹为观止。再想起她的名字本来并不是凯特·布什,而正是叫作凯西,和小说女主人公的名字竟然那样巧合地雷同,令人不得不相信冥冥之中的确是存在着命运这个东西的,要不她为什么和小说中的凯西一样为了所爱的人和所爱的艺术不惜赴汤蹈火,精卫填石一样,如此轰轰烈烈,让后人即使看不到她的面容只是听到她的声音也要为之惊异为之肃穆。

在这两盘磁带里,其他的歌也都是那样的美丽动人,出神入化,那纯净得没有一点杂音的歌声,透彻得如同深山里清澈的瀑布,高悬天外,飞流而下,虽有几分孤独而冷冽,却那样地爽然,玉洁冰清又奋不顾身跌落下山,不惜粉身碎骨也要迸发个飞珠跳玉,让那激越的回声响彻旷远的山谷,余音袅袅,丝丝不绝,那种幽幽清寂的感觉是在世俗世界里少有的。尤其是那高亢入云、飘渺云天般的嗓音,云雀般的撩拨得人心忍不住随她一起轻盈地往上飞,飞,一直飞到望不见影子为止,仿佛能够随她的歌声羽化成仙,让人觉得一下子就远离了喧嚣的万丈红尘,有种冷艳的意味,有种孤绝的气息,有种世外桃源的感觉。

听她的歌,总让我想起在新疆过天山果子沟时见到的那耸入云天的冷杉。那种笔直,那种苍绿,那种迎风而不动声色,那种枝叶兵士排阵般枝枝昂首向上的凛然,那种树冠辉映着积雪和阳光晶莹剔透无言自威的鬼魅神光……真的,——都是那么的像她的歌声,是她嘴中飞溢飘渺出来的歌声在冰雪世界的结晶体。如果,歌声在这个世界上也有属于自己对应的造型的话,这种在雪线上的冷杉就是凯特·布什；而其他的歌声也很动听，但也许只是雪线之下的那些树木花草了，自然也是缤纷多彩的，芬芳万千的，但都不会有冷杉那样不同凡响的冷冽的绰约风姿。

作为20世纪70年代出道的女摇滚歌手，一直在歌坛上以自己的特色风靡了20年，凯特·布什的开始和存在都是具有开创意义的，她是女子摇滚中醒目的坐标。像她这样所有词曲都是自己一人创作，集演唱与舞蹈表演于一身的女歌手，并不多见。听她的这两盘磁带，我常想起这位出生在英国肯特郡乡村的女歌手，最初的音乐天分真的就表现在家乡稻谷仓里那一架破旧的老风琴上吗？她总是爱跑到进稻谷仓里去弹那架老风琴，那弥漫着英格兰乡村风味的琴声伴随她的歌声是否在那时就已经无可避免地烙印下她的风格的印记，就如同血液一样流淌在她的脉管里，才会让她的歌喉如同乡间田野上空自由而高渺的流云一样狂放无羁了吗？一个歌手天生的歌喉真的就早早地和她童年的梦想和她故土的水土胶粘在一起而在那遥远的以前就庇护着她成全着她了吗？

同时，我也常想起当年她刚出道时《滚石》杂志对她鄙夷不屑的评论，说她的磁带不必买。事过境迁之后，这样的话显得多么的不公平，又是多么的可笑。而今，谁还敢这样说吗？多少女歌手要坦白甚至骄傲地承认汲取了凯特·布什的营养，自己的歌声里有凯特·布什剥离不掉的影子。

于是，我便想到这样的一个问题：在一个本来由男性主宰的硬性摇滚歌坛里，女性摇滚歌手的出现并梦想取得成功，该是多么的艰难。比起女作家、女画家、女导演来说，女摇滚歌手的确更艰难些。因为无论女作家也好，还是女画家女导演也好，她们本人都可以躲在自己创作的作品背后，用文字或用色彩或用影像来曲折迂回，即使我们能够看到她们印在书上本人的玉照，也只是她们化妆过的，有了有意或无意的遮掩，让人们看着似是而非。即使是那些标榜用身体或用隐私写作的作家，人们看到的也只是她们由文字编织出的虚幻的天地，而非她们的真人再现。只有女摇滚歌手不再是间接地出现在我们的面前，而是最为直接地将她们的性别昭然若揭，自然，她们的压力就会更大。做为女摇滚歌手，在舞台上她们除了要用自己的身体去和男摇滚歌手做一番"殊死搏斗"之外，再有的便是用自己与男子不同的声音了。

可以说，从某种程度上她们是以自己声音来抗争着这个男性霸占已久的摇滚歌坛的，以自己的声音来塑造自己的艺术生命和形象，从而撑起自己眼前一片天空的。

于是,我回想起在半个多世纪的摇滚历史中涌现出来的那些个卓而不群的女歌手,并自作主张地从声音上给她们分了这样几类——

一类我把她们叫做天籁之声,无疑,凯特·布什是这类天籁之声早期的先驱,她把女性最美好也是最特长的嗓音发挥到了极至。以后由 4AD 公司先后推出的"双生鸟"乐队的弗雷泽、"腹腔"乐队的唐莉、"能者善舞"乐队的莉萨,以及 1990 年出名的托里·阿莫斯,无一不能追溯出来自凯特·布什的渊源。

二类我把她们叫做浑浊之声。她们本身的嗓音就具有男性化的特点,又特别有意向男性靠拢或搀杂了男性的特征,而将女性的阴柔淡化或重新处理,在阴性的水中注入了棱角分明而呈阳性的冰块或泥沙,使得透明的水变了一种新的色彩和样子。早期参加地下丝绒乐队有杰出表现却不幸早夭的尼可,应该是这类浑浊之声的代表和领衔人物,她之后的帕蒂·史密斯、PJ·哈维和戴·格拉斯,都是尼可的变种或延长线。

三类我把她们叫做寓言之声。很显然,这类的代表属冰岛的女歌手比约克当仁不让。她是真正女子摇滚的异类,以独特的嗓音跳出了男女二元对立的事端,越入了机器人和网络时代的非人化的世界,给人以寒彻肌骨的冰冷物化的感觉,那是一种异化的感觉。物是人非之后,再听那种非人化的声音,觉得真正是后工业寓言式的歌声。

如果我俗一下,将这三类声音拿花做一番比较,第一类应该是莲花或梅花,出污泥而不染,迎飞雪而独艳,特立独行,馨香别致;第二类应该是仙人掌或铁树一类植物开的花,借助于高大粗壮的铁树和仙人掌,让硕大无比的花醒人眼目;第三类则应该是属于梦笔生花或网络上用特制的文件制作出来的花,惊世骇俗,与众不同,色彩浓丽,却不再以传统的芬芳来袭人邀宠。

如果真的男人是泥、女人是水,那就拿水来将这三类声音再做一番比较,第一类应该是清澈而清冽的山泉,是那种出自没有人烟的莽莽大山里的泉水,没有一丝污染,纯净得如同露水和泪珠;第二类应该是酒,即使不是烈性的烧酒,也该是色泽浓郁的葡萄酒,即使不是如火般滚过喉咙,也是灼热得腾起血花如注;第三类则大概是属于特别调制出来的鸡尾酒,五彩斑斓,味道异常,起码也该是那种威士忌咖啡之类饮料,是水,是咖啡,又已经有了别样的状态和意思,让你想入非非,也能够让你沉醉于迷离之夜。

在这三类女子摇滚歌手中,最能够体现女性特质的无疑是第一类,而凯特·布什起到了无可取代的先锋作用。后两类怎么说也有点在有意无意向强权的男性靠拢、折腰和融合的意思。现在来听凯特·布什,有时会觉得她的歌声摇滚的味道显得并不那么足,但想一想她在《呼啸山庄》中那女子高腔鬼魅一样的嗓音在吉他的伴奏下大珠小珠落玉盘般清澈地呼唤出"希斯克利夫,是我——凯西,我回来了……"那本身就带有原创性的意义,这意义在我看来就是她是那样得天独厚先天注定、又是那样极其丰富地发挥了女性自身的潜质,使之赫赫醒目地孑然独立于男性独霸的世界中。她的意义不仅影响在女子摇滚绵延的承继的脉络里,而且流行乐也明显吸收了她的特点,比如现在流行的莎拉·布莱曼和恩雅,那种清澈如水和高腔入云,都可以从中轻而易举地找到凯特·布什的影子。只不过,莎拉·布莱曼是将美声唱法带入了流行,恩雅是将民歌化为了流行,而凯特·布什依然坚守在摇滚之中,不那么愿意走流行的路子罢了。

据说,舞台上看凯特·布什演唱,她魔鬼般疯狂,和听她的磁带的感觉不一样,听时的感觉是那样的娴静。我没有看过她演唱的录相带,但从心里不大喜欢那种疯狂,便一直保留着听的感觉,其实也是一种想象的感觉,仿佛面对的始终还是一个纯情的少女。今天,听凯特·布什二十四年前的《呼啸山庄》那样纯粹的歌,感觉还是那样新鲜,那样纯净,时光似乎停滞了一样。仿佛只有遥远的以前的天空才是那样的蔚蓝圣水洗礼了一般而没有什么污染,那样的白云缥缈婴儿的屁股蛋儿一般没有一点渣滓。她的那种扑朔迷离又狂野激荡的高腔,实在是只有在原始的山野里才最适合,在雪落得厚厚没膝沉静的月夜下的森林里才是适合她这样歌声回荡的背景。她那种惊天地泣鬼神的高拔云天的嗓音,即使听不懂一句歌词,也会让人震撼,并觉得是那样地久违了。凯特·布什实在是个天才。如果用她的磁带的名字《整个故事》来做一个引申,她在摇滚的历史中所处的地位和所起的作用,是所有女摇滚歌手整个故事发展的一个精彩的开头。

现在来看待这样的一点意义,重新审视凯特·布什,很有点像如今回过头来看我们的才女李清照在我国诗歌界的开创性意义。在一直是男性骄傲地雄峙的唐诗宋词之中,李清照以一个女儿之身,以独树一帜的词风,别开生面,与苏轼和陆游和辛弃疾分庭抗礼。现在想一想,只会感慨如李清照、凯特·布什这样的女艺术家太少或远遁于我们,而不少的女性艺术家向这个男性的强权世界卑躬屈膝,误以为女性的魅力和力量就是展示自己的身体,甚至不惜出卖自己最后的一点隐私和色相,迅速地滑出了可怜的底线。"雁字回时,月满西楼,云中谁寄锦书来?"李清照的词成了我们今天的疑惑,"是我——凯西,我回来了",凯特·布什的歌仿佛是对李清照的回答,却只有让我们心中徒生一片无力的茫然。

谈起自己的音乐,凯特·布什对评论界和听众很宽容地这样讲:"如果人们不能够如我希望的一样理解我的歌,那也没关系。当然,如果人们能够如我希望的那样理解我的歌,那也很好。"

虽然,至1993年《红舞鞋》之后,凯特·布什再没有新的唱片出版,但越来越多她的各种精选专辑的出版,让我相信越来越多的人理解她的歌,并越来越深刻地认识她的存在对于摇滚的价值和意义。凯特·布什的确是个罕见的才女,当年的独行女侠,在男性摇滚的天地里闯出一条血路。她是一个成功的典范,让众人瞩目,而不像尼可,徒有别样的歌喉,却没有爱没有钱甚至没有自己的一幢房子自己的家,脑溢血,一个跟头跌倒在大街上,和那些无家可归死在街头的中年女人一样孤独无助地死去,没有人管,没有人问,一直到她的儿子到街上去找才将她那双大眼睛最后合上。同样作为摇滚女歌手,对比尼可的悲剧,凯特·布什是幸运的。我不该再为她感到抱怨。

还应该记录下和凯特·布什有关的这样一段经历,是去年的夏天,我和儿子到昆明时特意去云南大学对面的一二一大街上找一个叫做"重金属"的商店,听说那里专门卖摇滚唱片、书籍和服饰之类的。顶着高原上热辣辣的太阳找了半天,最后找到的是一家很小的小店,大概生意不怎么好,里面空落落的,没有什么东西。一排旧磁带七零八落地摆在架子上,落满尘土,很久没人动了。我们翻了翻,大多是价值不大的磁带,儿子称之"糟泔"。但我们忽然惊喜地有了意外的发现,是一盘凯特·布什的《恋爱癖》,这是她1985年的出品,里面有她的挤入英国单曲排行榜第四名的《跑上那座山》,非常有名,我一直没有听过。我们像得了宝一样,老板却连看都不看一眼的,只花了五块钱就买了下来。想不到深山藏宝,凯特·布什竟跑上了这座山,藏在了偏远的昆明。不管怎么说,意外的相逢,和凯特·布什总是一种难得的缘分吧。

可惜,那盘凯特·布什是坏的,怎么修也修不好,一直到现在也没有听到。

因为这个夜晚
——帕蒂·史密斯札记之一

1977年,帕蒂·史密斯(Patti Smith)已经年过了30。那时,她还没有结婚,也没有出大名。作为一名歌手年龄不算小了,但她出道却只有短短三年的光景。两年前的春天若不是因为唱片公司的老板克莱·戴维斯慧眼识珠,在Arista公司里出版了她的第一张唱片《马群》,她可能还在纽约的哪家俱乐里唱歌(以后她所有的唱片都是由Arista出版)。虽然这张带有20世纪60年代怀旧色彩的唱片在当时朋克风盛行之际确实让人眼睛一亮,但毕竟羽翼未丰。1977年,一场突然的事故,竟意外地成全了她。

这一年,在佛罗里达演出时,舞台坍塌,她的颈部骨折,整整一年没法登台演唱。躺在床上,她反思自己这些年走过的路。她年轻时喜欢诗歌、绘画和旅游,最后莽莽撞撞地跌入摇滚歌坛中。她在想:"我进入摇滚乐,是一种政治,而非一种职业。60年代死了许多人,应该坐下来安静地想一想了。70年代,1970年、1971年……人们并没有感到痛苦,1974年,1975年……情况越来越糟,没有新东西预示……"她称自己在充电。她要做的事情就是诱导人们响应她的想法,这想法其中重要之一就是让人感受到痛苦。对于在惯性的生活中得过且过已经麻木迟钝和粗糙的人们,感受到痛苦,并不是一件容易的事。

这一年,帕蒂·史密斯写了一部叫作《通天塔》的诗集,和一首题为《因为这个夜晚》(Because the night)的歌。这首歌因当时最富有号召力的摇滚歌手布鲁斯·斯普林斯廷作曲而直指人心,成为了世界性的热门歌曲,20多年来魅力经久不衰。可以说,是这首《因为这个夜晚》让帕蒂·史密斯声名大震。帕蒂·史密斯20多年来唱着这首歌,让时间检验并证明着这是一首好歌,这个夜晚是一个好时候,帕蒂·史密斯是一名难得的好歌手。

前不久,我在Arista公司25周年巨星经典精选的一张DVD中第一次看到帕蒂·史密斯演唱《因为这个夜晚》,说老实话,我有些吃惊。她和我想象的是那样的不同,高高的清瘦的个子简直像个骷髅的样子,一张过长的马脸风干鱼似的瘦骨嶙峋。她长得可真丑,她的歌却是那样的美,巨大的反差让我都不敢怎么看她。唱这首歌时,她始终闭着双眼,一双骨节粗大的手不停神经质地抖动。这种神态和这种姿势,配上她那样嘶哑而近乎呼喊的歌声,真是让人有种彻骨冰冷残酷的感觉。她抖动着枯枝一般的手反复唱着同一句歌词:"因为这个夜晚属于爱",这句歌便像一条粗壮的蟒蛇一样,阴森森地游走在她的心里和我的心里,那种对爱的渴望和爱的不可能所带来的双重痛苦,以及对痛苦近乎绝望却又不甘心的呐喊,让我感到她的歌声在心里久久地压抑着,突然翻涌到喉咙里,烈酒一样滚动着,就像艺人口中喷出的火一样,炽热在周围的空气中,弥漫在她经久不散的旋律中。

听她其他的歌,能听出许多歌里有这首歌旋律的影子,因为这个夜晚,使许多夜晚连同白天都充满着这样沉沉的不见一点星光的天空,还有那如神经质的手一样不停抖动的空气和风。

有人说,帕蒂·史密斯的歌有一种中美洲原始部落祭祀仪式上所用的音乐元素;也有人说她的歌愤世嫉俗,唱得黑暗,歌词难懂。这些我不大懂,我只觉得她似乎是把感情压抑到了冰点,声嘶力竭融合着神经质,使得她那独特的嘶哑的嗓音成为了盛满这种歌声的最为合适的酒杯,让我和她一饮而醉。

1980年,帕蒂·史密斯34岁,她和前MC3乐队的吉他手弗雷德·史密斯结婚了。她所呼唤的这个夜晚终于到来了。迟到的爱情,让她退出江湖。1988年,她重返歌坛,和丈夫合作推出新唱片《生命爱歌》,那是他们爱情所诞生的孩子,她却被批评是"一个穿着长裙戴着罗旋丝帽子唱着催眠曲的妈妈",说那些歌丧失了她的声音。看来甜蜜的爱情常常是艺术的杀手,歌声起码帕蒂的歌声不适合甜蜜蜜爱情冰块的搅拌。

1996年,帕蒂·史密斯出版了她的新唱片《再次消失》,才为她挽回了面子,但却是以牺牲了丈夫为代价的。在这连续几年里的时光里,先是丈夫死去,接着她的弟弟、过去乐队的伙伴、最亲密的摄影家……一连死去了好多人。这个夜晚命中注定是短暂而无法永恒,痛苦是人生的本质,包括音乐在内的一切艺术只有经过痛苦磨砺才能使其结晶,大团圆式的甜蜜蜜,只能拾取艺术为自己镶起一道花边,而很难得到艺术的真谛。难得的是,帕蒂·史密斯的这张唱盘充满对亲人怀念的情感,却不只是泛滥情感,在倾诉内心痛苦的时候也不是以堕落和悲观颓废的姿态出现,她明确地说:"我的秉性有可能是乐观的。我们女人需要相信未来,既然我们是在未来生孩子的人,你就不希望生一个孩子又在火山上掉下来,你想生一个孩子把他放在天堂。"她还说:"死亡告诉我们,我们已经忘记了怎样去倾听。把它们放在手里,它们流过我的血液。它们将会被找到,在可兰经、在赞美诗、在新旧约里,在所有的诗里、所有神圣的著作里找到。它们迸发爱和忏悔的文字。"她说的真是十分漂亮,在生死的彻悟中,她的心和她的歌一起变得敏感如一茎晚风里摇曳的曼陀罗或熏衣草。

我忽然想,在那张 Arista 公司 25 周年巨星经典精选的 DVD 中听到帕蒂·史密斯演唱的《因为这个夜晚》,和她在二十多年前唱的《因为这个夜晚》一样吗?我没有听过二十多年前她唱的这首歌,但我可以肯定二十多年的沧桑会让歌声和心一起苍老,如同经霜之后的树林凋零一半在地上金黄一半在风中。

在鱼目混珠的摇滚歌坛中,有的歌手是一次性的,有的是可以反复听的,帕蒂·史密斯属于后者。她的歌耐听,不仅在于她独特的嗓音,更在于她独具的文学素养。她喜欢兰坡、金斯伯格和威廉姆·巴勒斯,比起前两者,巴勒斯没有他们有名,这位当过兵、记者和私人侦探的作家,在 50 年代以写自己吸毒经历而著称,不知为什么帕蒂·史密斯特别喜欢这个边缘化写作的作家?在生活中除了音乐就是写诗能给她快乐了。她曾经这样写道:"我不认为写作是一种安静的壁橱式的行为,我认为写作是真正的体力活。当我在家里用打字机写东西时,我会疯狂,我会像猴子一样不停地动,全身的汗水会把自己弄湿。"不是所有的歌手都有这样的素养能力和真情投入的。1999 年,帕蒂·史密斯出版了文集,里面收集了她所写的歌词、笔记和思考录。这一年,她上了《时代周刊》的封面。

因为这个夜晚

  1997年,她出品了《喧嚣与宁静》新唱片,我很喜欢这张唱片,灰色的封套上印着帕蒂·史密斯坐在床上拿着笔俯身在本上写作的照片。在扉页上她写着将这张唱片献给巴勒斯。她不是那种拿文学来装点门面的人,她是将诗和音乐当成自己生命的人,她才会在自家的床头安静地写作,才会在五十多岁可以当外婆的年龄登台倾情歌唱。

镜子里面正望着我的人是谁
——帕蒂·史密斯札记之二

能找到的帕蒂·史密斯的唱盘都找到了,从 1975 年她的第一张专辑《马群》到 2000 年她的最新专辑《工合》。唱盘里外所有她的照片,只有《马群》封套上的那张最好。作为一个女人,除了高挑的身材,帕蒂·史密斯长得实在不好看,瘦瘦的如同骷髅,一看就是那种命相苦的女人。但是《马群》封套上的那张照片好,黑白的照片,她下穿黑色吊带裤,上穿白衬衫,一件黑外衣搭在肩膀上,黑头发黑眼睛,一切的黑白是那样分明。她显得格外英姿勃发,把高高瘦瘦的身材衬托得很秀气挺拔,用现在的话说,非常有骨感,没有一点后来的沧桑和颓唐。

是啊,那一年,帕蒂·史密斯才 28 岁,正是最好的年华,那个年龄的女人,即使再丑也是美的。

算一算,今年帕蒂·史密斯已经 55 岁了。一个女人的最好年华早就过去了。

只有她的歌声没有过去,依然那样动听。应该感谢音乐,为一个人永远的青春和所有值得记忆的岁月作了记录。

在帕蒂·史密斯所有的歌里,有一些是专门唱给她的亲人的。我知道的有这样四首:《富裕的钱》和《金伯利》,《我的情歌》和《再次消失》。

前两首是唱给她的儿子的,收录在她的第一张专辑《马群》里。年轻的帕蒂·史密斯在新泽西上学的时候和一个大学教授相爱,以致一发不可收,和那个教授生下了这个私生子。那时候,她还太年轻,年轻得除了懵懂的爱没有一点思想准备,儿子就来到了身旁,而幻想中的爱情却随风而逝。她无力抚养这个突然而来的儿子,只好忍痛送人,自己孤身一人到费城的工厂去打工谋生。对于一个女人,这段悲伤的往事是她一生无法愈合的伤口,无处话凄凉,只有用音乐来把它覆盖,让它在音乐之中一遍遍复活她刻骨铭心的伤痛和对再也无法见到的儿子的思念。

后两首是唱给她的丈夫弗雷德·史密斯的,"直到死才让我们分离。"她以她的深情唱她的亡夫,不惜铺陈和直白,没有了她喜欢的诗的阴沉晦涩和重叠的意象。她把深埋在她心头的孤寂和痛苦,借音乐抒发出来,就像飞来的鸟衔来树的种子,在她的歌声中长出一片绿荫,让每一片树叶都化为了她的思念和亡夫浮现的身影。"直到死才让我们分离",音乐就是连接着这段分离之间的长路。

在 20 世纪 70 年代的摇滚歌坛中,帕蒂·史密斯的出现,不是惊鸿一瞥,而是具有石破天惊的意义。在男人主宰的摇滚歌坛中,突然冒出个她来,而且是那样的气势不凡,不仅嗓音是那样的与众不同,歌词和音乐也是那样的别具一格,让人们确实耳目一新。帕蒂·史密斯的出现,以女性的视角和女性的意识以及女性的生命体验,为传统的摇滚注入了新鲜的血液,人们才开始从摇滚中听到了再不仅仅是男人的声音,而终于有了女人的发言,女人对这个世界的态度:控诉、宣泄、乃至信念的表达、宣言的散发。

只是像这样四首专门来唱给自己亲人的歌,对于帕蒂·史密斯来说是特殊的。因为,她的出现是女性意识和文化意义上的出现,她不是那种儿女情长的歌手,她是代表女性发言的歌手,也就是说,她的社会性胜过她的私人性。正因为如此,她的这四首特殊的歌才格外引起我的注意。我在想为什么帕蒂·史密斯在她最初的和最近的专辑里都要唱这样的歌?这样的歌在帕蒂·史密斯整个的摇滚生涯中的位置和意义到底在哪里?也许,正是因为她这样特殊的生命经历,才会让她对女性在这个世界的生存状态有着比别人更深刻的体验,她才会在生离死别之间徘徊后流露出不仅仅是一般怨妇的哀怨,而是对残酷的世界投以尖锐和尖厉的目光,去质疑笼罩在女性周围的宗教以及社会的种种不公。同样,她也不像一些女人那样只会顾影自怜去浅斟低吟,只会唱摇篮曲、催眠曲或情歌小调,而是闯入了男人的摇滚世界,朋克旋风般的狂放正好帮助她如虎添翼。

　　这样,我也就明白了,即使是这样四首完全私人化的歌,她处理得也不仅仅是眼泪,她曾经决绝地说过:"那个耶稣背负着某人的罪恶死去,但并非我的。"

　　她绝对不把个人的感情当成一己的事情,她才和一般的女性歌手拉开了距离。她把摇滚当成了她生命的化身和精神的寄托,她才在男人统治的摇滚歌坛上矗立起了独树一帜和不可动摇的地位。她是把摇滚和基督等同对待的,她说:"你若能够了解摇滚乐,你就能够知天下大事。"她把摇滚看得多么的神圣和无所不在。

　　帕蒂·史密斯就是这样,以女性的身份,以男性的嗓音,以诗人的语言,以叛逆者的姿态,质询着这个男人主宰时间太长的摇滚歌坛和整个的世界。

　　不过,有时,我也会这样地想并问自己:如果帕蒂·史密斯不是有着青春时期和儿子的生离,与中年时候和丈夫的死别如此特殊的经历,她的音乐风格就一定会有另外的变化吗?她就一定会以另外的姿态出现在摇滚歌坛上吗?

　　我不知道该不该否定自己的这一疑问。

　　后来,我看到这样一则消息,是帕蒂·史密斯对采访她的记者的一次谈话,她想起了自己的少年时期,她说:"当时我15岁,我从一个被废弃的小棚子里找到一堆镜子,把镜子放在墙对面。我把手摆在镜子的玻璃上度过了许久的时间,绝望地试验着里面目光正望着我的那个人是谁。"她这个试验和绝望,让我吃惊。她已经是一个15岁的少女了,按常理说不该有这样奇怪的思维,但她就是有这样的思维。她十五岁的时候,也就是1962年,正是男孩子梦想马龙·白兰度、女孩子梦想玛丽莲·梦露的年代,她却如此痴痴地望着一堆镜子想里面正望着自己的那个人是谁而迷惑不解地发呆。她能够是个一般的女人吗?

　　整整四十年过去了。今年,帕蒂·史密斯55岁。命运从来不相信也不允许如果式的假设,所有生命中经历过的一切,是不能够更改的。

这种样子的女人唱出的歌应该是富于古典味道的,是适合怀中的婴儿(或是小猪)或怀抱着婴儿的母亲听的,而不应该是只给那些荷尔蒙和力比多一样疯狂的年轻人听的。

抱小猪的阿莫斯

秋天来了。

阿莫斯也来了。

阿莫斯是抱着小猪来的。

起初,我是先看到这盘磁带的封套非常有意思,才听这盘磁带的。封套上漂亮的托里·阿莫斯(Tori Amos)一头棕红色的长发披肩,敞着怀抱着一只小猪正在喂奶。那头微微有些发红的小猪那样听话,伸出嘴巴咬着阿莫斯的乳房吮吸。

不知道为什么阿莫斯要拍这样一幅照片?因为小猪在西方是吉祥的象征?还是因为阿莫斯自己就喜欢小猪?或是因为别的?或是什么也不为,只是这样挺特别的,为了追求一种另类的效果?

其实,阿莫斯一点也不另类。起码我买回的这盘叫做《火神的祭童》的磁带,以及后来又买的一盘叫做《轻微地震》的磁带,听着并没有觉得有什么另类。自20世纪90年代出道以来,阿莫斯一共只出过三盘带子。《轻微地震》是1991的出品,《火神的祭童》是1996年的出品,之间还有1994年的一盘《石竹花下》,可惜我没听过。

我听这两盘磁带,不仅没觉出另类,倒觉得有点向古典向自然回归的味道。或许,这感觉是不会错的,这位看来年龄有三十多岁的托里·阿莫斯,正是一个女人最成熟最美好的时节,她的身材和脸庞长得就有点古典美人的样子。如果她不是抱着一只小猪,而抱着一个婴儿,一定是雷诺阿或戈雅笔下在秋日的暖阳下撑着遮阳伞的典雅贵妇人。

这种样子的女人唱出的歌应该是富于古典味道的,是适合怀中的婴儿(或是小猪)或怀抱着婴儿的母亲听的,而不应该是只给那些荷尔蒙和力比多一样疯狂的年轻人听的。

什么原因让我觉得阿莫斯一定是在向古典和自然回归?

是因为她的声音?她的声音有些甜美,仿佛浸染着一些花的芬芳和树木的清新,不像有的女歌手比如帕蒂·史密斯那样阴冷,而是有点透明和蔚蓝。如果追溯渊源,也许她有点像凯特·布什和比约克,甚至也有那么点像PJ·哈维。那种单纯的唱法很适合她的嗓音,她似乎有意滤除了庞杂和声嘶力竭,她的嗓子眼只流淌清风清水,有点不食人间烟火的味道。间或她自己的假声飘曳,乳燕出谷一般如丝似缕,和着空气一起振荡着,四下回旋,袅袅不尽;间或女声的伴唱和唱诗班一般的合唱此起彼伏地伴唱,真是月光如银似水一样流淌,夜色中花动影动香味袭人,实在是曼妙无比。

也许,是和她的音乐有关。她自己拿手的伯森多弗尔钢琴弹得如火如荼、风情万种,和她自己的歌声相拥相吻,水乳交融,而她在乐队加入的古钢琴、曼陀铃、风笛多种乐器的伴奏,在摇滚乐中也是绝无仅有的尝试。这些乐器尤其是她自己钢琴的加入,无疑增添了音乐中古典的成分。丰富的背景音乐,衬托得她的歌自然也就风姿绰约,让人觉得她不是走向热闹喧哗的现代都市,而是走向以往岁月里僻静的古城堡或荒废的村野。想一想,她一定不是穿着富丽堂皇的长裙皮靴走在枝型吊灯下的红地毯上,而是穿着亚麻布的衣服敞着怀在给她的小猪喂奶,便觉得是对的,是符合她歌的形象的。也就是说,她的歌向古典的流动,只是一种意到神不到的意向,或者说是一种以摇滚的形式和精神进行新的诠释和改造的变种。

或许,是和她的出身和经历有关。这位基督教牧师的女儿从小就是在古典的宗教音乐熏陶下长大的,她4岁便开始在教堂的唱诗班里唱歌并弹得一手好钢琴。不到20岁就毕业于巴尔的摩的皮博迪音乐学院,一直延续在她身体里的古典音乐的种子,不可能完全被摇滚冲击殆尽,总会变着法儿萌发出异样的叶子,便也容易杂交一样改良出新的品种来。

很显然,阿莫斯的歌中90年代另类摇滚的味道并不浓,不要说和那些注重外在音乐形式的重金属相比,就是和她同类的并非激进的女歌手相比,她也是属于保守的。以我的说法,她是属于摇滚里的"婉约派"。如果说前者更像是向行为艺术或绘画靠拢,阿莫斯则是向文学性寻找自己的归宿。因此,我也称她是摇滚里的少有的作家。也因为如此吧,电影《踝中踝 2》有众歌手加盟为之演唱助阵,其中阿莫斯演唱的《盛筵狂欢》,唱得是那样温情脉脉,格外动人,不仅是有点向古典靠拢,而是向流行谄媚的意思了。

不过,这样的摇滚在我听来却很能够接受。毕竟年龄的关系,太花太闹的有点像是时装表演了。阿莫斯的歌声以一种保守的姿态以退为攻,改造着摇滚的色彩,也改造着我们的口味。对于喜欢重金属或哥特式摇滚的年轻人来说,阿莫斯也许显得老派了些,但对于喜欢摇滚中"婉约派"的人来说,阿莫斯却是最好的选择。比起 PJ·哈维和比约克,她没有更多的新意和锐气,但她的歌中一股难得的透明的清新及自然空旷的气息,是那样温馨可人,沁人心脾。就好像你走进了茂密的森林,一下子隔开了尘嚣,真的见到了阿莫斯,她就站在哪一株参天的古树下或哪一丛灌木中,怀里抱着那只小猪,唱着《火神的祭童》或《轻微地震》里的哪首歌,《这么多年的沉默》也好,《美丽的女王》也好,伴随着树叶的飒飒声和清风的簌簌声,从森林深处传来遥远的古钢琴声和唱诗班的伴唱,你会是一种什么样的感觉?那种梦境般的神秘和远避喧嚣的幽静,还有一丝无可奈何的空虚,一并向你袭来,林中飘散的雾气一样把你打湿。她的歌能够让你想起会在林中发生的故事,是属于文学的,是属于童话的,是属于幻想的。

听阿莫斯歌的时候,是下午时分,西窗下的阳光格外灿烂,凡高的那种向日葵似的金黄色挥洒进屋里,是秋日里的阳光,没有了夏天的烈日的炎热烤人,像无数可爱温暖的小精灵一样,跳跃在我的电脑屏幕上和正在播放着歌声的音响上。阿莫斯从幽静旷远的林中走到我的面前,她的歌声似乎少了一些梦幻和神秘,却多了一些阳光般的明丽,像果仁外面裹上了一层巧克力似的,镀上了甜美的反光。而那只小猪没有了,她也没有敞着怀露出那并不丰满的乳房。她的歌不是那种蛊惑和诱惑的歌,她的歌在我听来有时变幻着色彩,就像是碎玻璃做的万花筒。

听完阿莫斯的歌,打开广播,正在现场转播萨尔斯堡音乐节的音乐会,传来了勃拉姆斯的第一钢琴协奏曲,是阿巴多指挥,波里尼演奏。真是奇怪了,竟然在勃拉姆斯的钢琴里听出一丝阿莫斯的味儿。他们似乎离得并不那么远。

附记

初冬季节,我来到台北住了整整一个月。一天下午,我来到重庆街,这是一条在台北有名的书店街,一家又一家的书店挨在一起,我在一家叫做黎明的书店里翻书,忽然在一本书里意外地见到了阿莫斯,而且还有那张我曾经看到过的她敞着怀抱着一只小猪喂奶的照片。因为前不久刚刚听过、写过阿莫斯的缘故,一下子有些兴奋,心想竟然在人生地不熟的台北遇见了她,好像她是我的什么熟人,他乡遇故知一般。

在这张照片旁边写着这样的一段话:"在发行《火神的祭童》专辑的时候,托里·阿莫斯照了一张裸露上半身,怀抱一只小猪,为小猪哺乳的照片,用来当宣传照,并且大刺刺地把这张巨幅照片摆在许多重要公路旁。不料,此举引起了许多保守人士的抗议:'会妨碍交通安全'。"这真是我没有想到的。

这本书中介绍说阿莫斯是一头红发,被称为"红发精灵";她演唱时特别爱穿一身女神一样的圣洁的白长袍;和我想象的差不多。还说她1963年出生在北卡罗来纳州,出版《火神的祭童》时正好是30来岁,和我的猜想的年龄也差不多。我很为自己和书中写的这几处"差不多"而自以为得意。但是,书中介绍这样一件事是我不知道的,也是无法想象和猜测的。阿莫斯走红是因为她第一张专辑《小地震》中一首叫做《一支枪和我》的歌,这首歌唱的是阿莫斯自己遭到性暴力伤害经历,她的后脑勺被一支枪顶着,被压在货车的后车座上强暴。她控诉性暴力,控诉男性的无耻。她还因此联合一些妇女团体成立了"全美反暴力联盟"。当时我看到这里很震惊,才忽然意识到最初听她的歌时有许多自以为是的误听。

我想阿莫斯的歌并不仅仅是我听出的那样向古典和自然回归,她不可能那样超脱,回避着矛盾,忘却了自身的痛苦。也许,那只是我内心隐藏的一种逃避,便以为她的歌也是和自己的心合拍。听音乐时常常会出现这样的情景,将自己酒杯里的酒倒进了人家的酒杯,把人家酒杯里的酒倒进了自己的酒杯,彼此置换着角色和心情,音乐只是那炽热的酒,音符置换成了液体。

因此,阿莫斯不是摇滚里的"婉约派",她只是将自己的控诉融合在她的温和之中,将火焰藏在自己的内心里。她不是那种以叛逆者的另类形象出现在极端化的舞台上,而是以一身圣洁白衣的超凡拔俗的姿态给堕落的社会以清心明目。如果说叛逆者是要艾削毒草的脑袋,那么,她的作用更在于沉淀渣滓。便也就明白了她没有选择尼可或帕蒂·史密斯的路,从声音到节奏力度刻意模仿男性向男性靠拢,而是秉承了凯特·布什的风格,阴柔之中表现女性自身的魅力和诉求。对于男人和男性的世界,她有她的理由远离和拒绝,她宁肯露出乳房抱着小猪去给小猪喂奶。

乱星的吟唱

总想象着这样的一种情景：一个放学后的下午，坐在教室的窗台上读书，四月的阳光碎金子般地洒在你的书上和身上。忽然，走过来一个人，陌生的人，招呼着你，说来吧，跟我们一起唱歌去吧。于是，你就跳下了窗台，跟着走了，跟着他背着一把木吉他走了，把教室、同学、老师和那四月春日的阳光都抛在身后。

也许，我确实老了，如果是我，我不会跟着他走，舍弃正要考大学的宝贵时光。跟着一个陌生的人，背着木吉他走？那个陌生人，你了解吗？会不会是大灰狼，专拣妈妈不在家的时候来敲门？而吉他能够是我一生安身立命之本吗？

但我还是感动那个跟着陌生人走的年轻人。背着木吉他，再旧再破，是自己喜欢的，哪怕未来的路一片迷茫，毕竟有了那么一次的奋不顾身。也许，只有年轻，才会有这样的唐突与随心所欲，抽刀断水的决绝、梦想和想当然。从窗台上跳下来，那动作是那样的年轻，充满着弹性，淬火般地迸溅出青春的火花。

跟着陌生人走的叫做霍普·桑多瓦尔（Hope Sandoval）。她当时正在读高中。她就那样不计后果地抛弃了大学，自己选择了前程：那便是摇滚。她的单纯与青春，梦想与轻信，还有那一头披肩的棕色长发和一双迷人的蓝眼睛，就这样去和未可知的摇滚相逢。她就像是一头梅花小鹿，一起步就跑得很快，蹦蹦跳跳跑向远方，她一定以为前面有为她准备好的透明的池塘，水面上覆盖着一片蓝天白云和落花点点。

陌生人叫做戴维·罗巴克(David Roback)。他是一个成熟的男人,为他引见桑多瓦尔的,是"猫眼石"乐队(Opal)的女歌手兼贝斯手肯德拉·史密斯(Kendra Smith),她是桑多瓦尔的老朋友。有意思的是,在一次巡回演出中,史密斯和罗巴克不欢而散离开乐队独自出走了。不知是什么原因,会是因为桑多瓦尔?反正小个子的桑多瓦尔正好顶替了史密斯的位置,和罗巴克一起把乐队的名字改成了"乱星"(Mazzy Star)。桑多瓦尔的歌喉,罗巴克的木吉他,相得益彰,高山流水一样,配合得那样谐和,你唱我弹,真有点"小红唱歌我吹箫"的意思。

一年之后,1990年,他们合作出版了第一张专辑《她辉煌的自缢》(台湾的翻译比这个名字优美,叫做《明月高曝悬》)。他们迅速地走红,惊艳撩人。

想想,这实在有点像是三角关系的青春剧,背景渲染着美仑美奂的迷幻音乐,身后是英格兰平铺天边的青青草原。而且是跨国之恋,因为罗巴克是美国人,桑多瓦尔是英国人。有点儿像韦唯和她白头发的老公迈克尔,只是罗巴克没有迈克尔那样老。桑多瓦尔便一定比纳博科夫笔下的洛丽塔要美丽。

这么一说,他们的音乐似乎有点脂粉气。其实,对于他们两人之间的关系,外间猜测得热闹,他们却是讳莫如深,他们拒绝关于他们的一切采访,包括音乐在内,因为他们的音乐都在他们的木吉他和歌声里了,留给人们只是想象的空白。

他们的作品不多,十年的光景,一共出版了三张专辑,除了《明月高曝悬》,还有《今晚我才了解》(1993年)和《天鹅》(1996年),却是款款动听。他们唱片的封套都印得很古典,不做另类花哨的那种。《明月高曝悬》,是蓝色调子的旋转楼梯的一角,可以看到古典式的壁炉。《今晚我才了解》,是玫瑰色的老式花环图案。《天鹅》,更简单,一帧白色天鹅的剪纸,无奈地垂着头,凄婉地张着翅膀,有点圣桑那曲《天鹅》的意思。

十来年过去了,高中生桑多瓦尔早已经长大,只是她的声音还是那样显得年龄很小的样子,还像是高中生,甚至更小,似乎没有长开。那种稚气未脱的清纯,鼻音有点浓重的沉郁,舒缓的调子,轻松的韵律,甘甜也有些干涩的嗓子,有些感伤,也有些懒散,像是刚刚起床,就那样赤着脚、穿着睡衣,依在窗台旁或院子的树旁,随意地唱着,像是对着树上的小鸟喃喃地自语,像是对着地上的蚂蚁率真地诉说,有时也像是对着一地花儿催眠般地轻轻吟唱。有几分可笑的童话般的天真,也有几分莫名其妙的低迷,能够让你吃了迷幻药似的昏昏欲睡,也能够让你随她梦游星光璀璨的太空。

她的歌声总让我觉得像她身上穿着的亚麻布的裙子,虽然我根本不知道她穿的是什么衣服,但我觉得对于她,亚麻布一定要比其它的比如丝绸或者法兰绒都要合适。亚麻布没有丝绸或法兰绒那样厚重高贵、平滑细腻,却轻盈飘逸,还有那种独有的粗粗扎手的手感,以及本来就具有的草地里的清新和被阳光晒暖过的气息。

音乐作得极妙,配合她的歌声,就像是配合她赤脚下湿漉漉的草地,配合她喃喃自语时头顶蔚蓝的天空,配合她撩起亚麻布裙摆的早晨温柔的习习轻风。木吉他单调地响着,如同寂寞无着的相思,间或的滑弦,惊鸿一瞥似的,打破水面的涟漪立刻又恢复了平静。弦乐密密如雨雾一样,在远处弥漫着,细雨迷蒙,沾衣欲湿,那种黄梅天黏糊糊的感觉,恰到好处地显示了如醉如仙的优雅和浪漫,配她那冷美人一样的歌声,是那样合适,一样的凄美哀绝,有点一地相思,满腔无奈的感觉。口琴声吹得那样让人伤感,最是一年春好处,子规声里雨如烟。突然出现的钟铃声,清脆得像是启明星升起在鱼肚白色的晨曦里,——是那样的美不胜收。

桑多瓦尔应该感谢罗巴克的音乐最大能量地发挥了她的潜质。这位来自美国80年代新迷幻音乐的先驱人物,对女性歌手有着一种天然的敏感力和创造力,他就像是一个经验丰富的养蜂人,从他蜂箱里放飞出的蜜蜂都是蜜的使者。他让她们的歌声蜜一般甜而为人所倾倒,他同时让后朋克的刚烈激愤中多了一抹阴柔的平衡。与他合作的"猫眼石"乐队的肯德拉·史密斯,"手镯"乐队的苏珊娜·霍夫斯,都是成功的女歌手。桑多瓦尔是他放飞的又一只甜美的蜜蜂,可能更精心也更用心。没有罗巴克为她度身量衣的贴身式音乐制作,也许,桑多瓦尔还只是一个矮矮个子漂亮的高中生。

我今年到台湾去的时候,发现那里喜欢"乱星",喜欢桑多瓦尔和罗巴克的合作。因为是在去之前刚刚听了"乱星",所以格外留意对他们的评价。在他们的第一张专辑《明月高曝悬》在台湾首发时,写着这样的一则侧标:"这是一张令人联想到雷奈电影《去年在马伦巴》的作品"。他们的《天鹅》在台湾首发时,又写着这样的一则侧标:"非主流、非另类的,且自成一格的前卫组合"。对他们极尽称赞之意。那一阵子,台湾正在"大选",闹腾腾的,他们的音乐显得那样不协调,但还是有那么一批人喜欢他们的音乐,以此平衡着尘世的喧嚣。

  回到北京,重新拾起"乱星",又听到桑多瓦尔的歌声,又听到罗巴克的木吉他,心里总忍不住想,我们这里谁喜欢他们呢?而他们又是站在闹市哪一个街口的拐弯处,唱着朴素沉郁的歌、弹着凄美伤感的木吉他,在等着我们呢?

距离中的弗雷泽

一连几天一直在听 Cocteau Twins,确实很别致,与众多的流行歌手拉开了不小的距离。说 Cocteau Twins 开创了流行音乐的一片新天地,是并不为过的。从 80 年代初他们出道以来,在摇滚乐坛中受到他们影响的乐队有很多,比如"腹腔"、"鲍迪斯海德"、"大举进攻"乐队等等,包括我们香港的王菲,和现在非常走红唱片销量已经突破 4 400 万张的恩雅,都有 Cocteau Twins 明显的影子。虽然,在商业运作和收益这方面他们无法和恩雅相比,但他们在流行乐坛的地位,却是举足轻重的,恩雅无法与他们相比。

听 Cocteau Twins,用不着听懂歌词,带一副耳朵就够了。主唱伊莉莎白·弗雷泽(Elizabeth Fraser)的声音极其奇妙,她完全把歌词打碎了,就像把星星都打碎在浓重的夜色中,将歌词融化在她歌声透明的旋律中,唱出了一种久远而幽深的空旷,不动声色,有些冷,却如雪花压枝的腊梅般玉洁冰清,超尘拔俗。她那梦幻般起伏的颤音,波浪一般翻涌,从天边摇曳到地平线之外。回声荡漾,天阶滴露般清澈而悠长。她的歌声实在是动听之极,总有一种月朦胧鸟朦胧的感觉,像是走在寺庙香烟袅袅轻轻弥漫的山阴道上,空山不见人,有山岚缥缈,有泉声呜咽,有暮鼓声声,有鸟鸣啾啾,有雾气蒙蒙,有野花纷纷……

其实,音乐本身靠的就是声音,歌词只是皮毛,永远不可能是其血肉。

Cocteau Twins 的抢眼,主要靠的就是弗雷泽的声音,她的声音秋风扫落叶般一下子便征服了听众,她的声音确实无与伦比。有人说她的声音感情冰冷,是黑色的;我觉得她的声音回归自然,一派天籁,高蹈如云,是紫色的。听她

距离中的弗雷泽

的歌,会有一种如醉如仙的感觉,如同爱丽丝梦游仙境。

　　Cocteau Twins 的音乐效果也不同寻常,那种弦乐般的起伏荡漾和电闪雷鸣般的跳跃激荡,仿佛他们拥有一支庞大的乐队,其实都仅仅来自一把吉他、一把贝斯和一个架子鼓。这要归功于乐队另一个灵魂人物罗宾·格思里(R·Guthris)。所有的音乐都是他作的,他以他天才的作曲,和非同寻常的回声和分段鼓声效果以及电子声得心应手的处理,制造出许多乐器变形的效果,让小小的乐队一身化为千亿身,顷刻之间绽开无数奇异而芬芳夺目的花朵。格思里和弗雷泽相得益彰,真是天作之合,让 Cocteau Twins 近二十年来常胜不衰。二十年来,乐队也曾走马换将,但他们俩始终是 Cocteau Twins 的左膀右翼。

　　Cocteau Twins,我国有翻译为"科克托孪生姊妹"的,也有将这个 Cocteau 说成是法国超现实派的大导演尚·科克托(Jean Cocteau)的那个姓科克托,有点用名人的名字注册自己的商标的意思,当然也可以说是用以表示对导演的尊敬和自己的艺术野心。也有翻译成"双生鸟"的,说 Cocteau 是美国的一种什么鸟。不管美国到底有没有这样的鸟,翻译成"双生鸟"更简洁,也更美一些。况且,弗雷泽和格思里这一对左膀右翼在合作了八年之后的 1990 年结婚并生子。那时,他们正在录制新专辑《天堂或拉斯维加斯》。说他们是双生鸟,也正恰如其分。这一点上,他们与我国台湾歌手张宇和他忠诚而默契的作词者十一郎相似,他们也是合作多年之后结婚,可以说是另一对双生鸟。

　　弗雷泽和格思里是在 1982 年相遇的。那一年,弗雷泽 24 岁,正在格兰杰默斯一家迪厅里跳舞,格思里不知怎么就看中了这个小个子的弗雷泽。我总是在猜想,跳舞又看不出一个人的嗓音,格思里怎么就看出了她那与众不同的嗓音呢?据说,开始是先让她取代乐队原贝斯手,后来才发现她那不同寻常的歌喉的。要说人不讲缘分是不可能的,这支 Cocteau Twins 乐队有了弗雷泽和格里斯的双飞翼,便开始这样鬼使神差的从英格兰走向世界。

　　以我的眼光来看,他们的第一和第二张唱片《花环》、《倒栽葱》都赶不上第三张《珍宝》。在《花环》中,他们似乎很愿意用鼓点,《月之圆缺》中鼓点实在是太清脆,而《花环》中有很大的噪音,前奏及其古怪,像是一个人在咕哝,或温开水在冒泡,而鼓点不知疲倦地伴奏始终。

　　在 1984 年发行的《珍宝》中,他们的音乐和嗓音都有了极大的变化,十分动人。在《罗累莱》中,弗雷泽的声音极尽变化之能事,音乐中多了钟声悠扬,宛转曲折，上穷碧落下黄泉，真有鬼魅之声之影的感觉。《Beatrix》中的前奏非常动听，男声低沉的伴唱，如烛光摇曳，如影相随，影随光动，很美。《阿米利亚》和《阿洛伊修斯》能听出异域的风情，节奏明快的韵律，与意味幽深的吟唱交相呼应，像是此起彼伏飞起又飞落的鸟儿。

据说，在1991年他们离开了4AD公司投奔了Fontana之后，弗雷泽的声音有了变化，恢复了人的声音，让人听得出歌词唱的是什么，乐队也让人听得出吉他是吉他本来的声音了。人们在他们的《四季咖啡屋》后却极不认可他们了。人们的惯性实在是要命的，听惯了一种东西，稍稍变化了，就不习惯了。人们容忍了他们对4AD的忘恩负义，因为没有4AD，没有约翰·皮尔的发现并在他为BBC电台主持的摇滚节目中竭力的推出，就没有他们的今天。但是，人们不能容忍他们演唱风格的变化。没有办法，他们在1996年发行的新专辑《牛奶和吻》中又将风格转回来，走在以前人们熟悉的老路上。人们踏实了，像是又握住了花纹依旧的旧杯子，斟满了珍藏多年的陈酒，喝得津津有味而面涌酡颜。这就是流行歌坛，除了实在有魄力的歌手，常常只能围着歌迷思维的定势和怀旧的情感转。其实，我听约翰·皮尔在BBC电台主持摇滚节目时为Cocteau Twins的录音剪缉专辑时，听到那时弗雷泽演唱的《小牛皮的滋味》和《一半礼物》，很好听，弗雷泽的嗓音确实有了变化，变得细若游丝，很轻柔的感觉，而且融入了一些感情色彩，不像以前那样的冷。

现在人们常提起恩雅，恩雅的新专辑《雨过天晴》刚刚出版，知道恩雅的人肯定比知道弗雷泽的多。在Cocteau Twins的音乐中，有一首Otterley，没有歌词，只有音乐和鼻音的伴唱，浓郁的民谣风格，旷远而优美，真有一种此曲只能天上闻的美妙感受，很像恩雅。但细听，弗雷泽到底是弗雷泽，她和恩雅到底是有区别有距离的，如果说一个是美人的话，那么另一个是冷美人；说俗气点儿，一个是《大红灯笼高高挂》中的巩俐，一个是《花样年华》里的张曼玉。

而弗雷泽和格思里从不谈论他们的私生活，不参加与音乐无关的商业活动，拒绝在唱片封套上印他们的照片而坚持只用艺术图片，更是和我们眼下自己有点儿屁事恨不得都上报纸娱乐版、没有好歌却愿意频频在电视上卖弄风骚、更愿意到广告上亮相赚把碎银子花的那些三流歌手拉开了望尘莫及的距离。

听惯了 70 年代和 80 年代朋克和疯克摇滚的歌迷们,当然是想听听新的音乐了,于是,要么接着原来的方向走,走向极端,将摇滚变成更加疯狂和尖锐,越发注重音乐外在的形式。

腹腔里的青春期
——听坦娅·唐利

最开始听"腹腔"乐队(Belly)给我的感觉,是主唱坦娅·唐利(Tanya Donelly)就像是一个小姑娘,在上学或逃学的路上,甩着书包,蹦蹦跳跳,唱着她的欢乐和烦恼,诉说着她的爱的心绪和起伏不定的心事。不是那种听话的孩子,像班里笔管条直的小干部或三好学生,或面容娇好讨人喜欢的女孩子,不是,都不是。有些调皮,但很可爱。她的嗓音显得有些稚嫩,很脆的样子,似乎像是汁水饱满而皮很薄的葡萄珠儿,稍稍一碰就会破的那种感觉。她的歌声那样清纯和清脆,在空中回荡和漂浮着,让人不敢伸手去碰。

当然,这只是最开始听她的感觉。这是一盘名字叫做《国王》的专辑,1995年发行的磁带。唐利所组建的乐队1992年在波士顿亮相,是她为乐队起了"腹腔"这样一个古怪的名字。第二年出版了首张专辑《星辰》,《国王》是乐队的第二张专辑,也是最后一张专辑。"腹腔"只出版了这样两张唱片,1996年,唐利宣布乐队解散了,就像四年前她在波士顿宣布成立时一样。

有人将"腹腔"定格于艺术摇滚一类,以我主观的看法这大概更属于商业包装的需要用语。其实,在非主流音乐中,"腹腔"并不声名显赫,它只是一支小乐队,虽然,第一张唱片使它有过暂短的辉煌,在英国曾经一度榜上有名,而且是名列第二;在美国成绩也不俗,成为当年的金唱片,并获得两项格莱美的提名。但只是流星一闪,就像一条小鱼在水中翻腾了几星耀眼的水花,终于没有成为鲤鱼跃龙门,就摇着尾巴游走了,游得我们再也看不见了。

不过,"腹腔"乐队的唱片非常值得听。在流行音乐中,无论是主流还是非主流,往往有些发行量很好唱盘出得很多的,都是因为太流行的缘故,染上过多的时尚和商业的色彩。有一些发行量不高唱盘出得也极少的乐队,很可能是因为个性太突出,又不愿意向流行低头,也不愿意打上商业簇新而乍眼的标签。我以为"腹腔"就是属于这样的一种乐队。这乐队主要归功于唐利那非同寻常的嗓音。它的乐队所制作的音乐,我没有听出太多的新东西来,和其他摇滚中的吉他贝斯和鼓老三样所做的没有太大的区别,只是多了一点钢琴。但唐利的嗓音确实不错,在众多摇滚歌手中一听就能听出来,别具一格,绝不是那种甜面酱似的嗓子或模仿秀般的嗓子能够克隆出的。那种率真和童趣,不像有些歌手不嫩装嫩那样的矫揉造作,而是浑然天成。

我特别喜欢听《国王》这张专辑中的两首歌,一首叫做《国王》,一首叫做《蜜蜂》,前者听来似乎有些压抑,有些内在的张力不时在躁动,像刚刚上岸的鱼嘴唇一动一动呼吸急促的样子;后者听来似乎很舒缓,手里摇着一束野花在喷香,风吹动着花瓣和她的头发一起在轻扬,背后招惹着蜜蜂嗡嗡地飞来……

当然,"腹腔"乐队还要归功于它的歌词。有些摇滚乐队主要不靠歌词,靠的就是演唱的激情,就是乐队的疯狂,就是现场的气氛,或者就是演员的风头强劲的前卫装束……这样的一切才构成完整的摇滚,歌词只是挂角一将。唐利唱的歌词确实不错,非常值得玩味。比如《蜜蜂》中,她唱道:"我正走在迷乱的路上,现在我的后面飞着蜜蜂,正在唱着'小心小心',我已经被蜜蜂叮着了舌头……"唱得很有意思,在舒缓甚至有些甜蜜的音乐中,这歌词有一种反讽的味道。

如果将她的歌词和她的音乐连带起来听,慢慢的会改变最初听她的感觉,会觉得有些沉重和痛苦的东西,压抑在她那种清纯和童趣的歌声中,就像表面平静而洁白的冰层下面有涌动着的浅流。或者说她将这些沉重和痛苦包裹在核桃壳里面,你要感知它们需要砸碎这些包裹的坚硬的壳。坚硬的核桃和脆弱的葡萄珠儿,是唐利和她的"腹腔"乐队的两个意象。便会发现她并不仅仅是蹦蹦跳跳在上学或逃学路上的小孩子,有时她也会穿过破落城市的中心,在晦暗和阴冷中走过,她只能在心中充满希望却有些近乎绝望地唱道:"我现在非常想你,我希望你能祈祷,虽然这样做很难……"

在其他几首歌中,她唱道:"透过第三扇窗,我看见你的头发上布满了玻璃";"这里有一个我们相遇的房间,这里有一个妇女,她用她的手走过任何地方,她却不相信她的脚可以带她走去";"你看起来很累,你看起来比你妈妈还老。哪里是我不该触动的地方?哪里是我不该吻的东西?哪里是你疼的地方?当你睡着的时候,你看起来更年轻强壮,你的呼吸中的蜜糖,你的头顶上的天堂,哪里是你疼的地方?……"

我想这不是一般歌手能写出来的,便不是一般歌手能唱出来的。唐利和她的"腹腔"乐队因此而让我感动。

在这盘磁带中,还有一首名为《青春期》的歌,她这样唱道:"被糖包裹,用啤酒淋浴,当你旋转时,你的头就像一只猴子。我不会看见你,在我的耳朵里,正唱着一首很糟的爱情歌曲。我驯养了一只小鸟来照亮你住的地方,照亮你的臂膀带给你疯狂的礼物。我是妈妈的孩子,我带着恐惧在疯狂地奔跑……"我以为这首歌很能代表唐利和她的"腹腔"乐队的风格与形象,她和她的乐队就是这样一个处于青春期的孩子,她以这样的独特视角和这样的年轻形象浮现在她的音乐中,将她所有的欢乐和痛苦,恐惧和疯狂都淋漓尽致地表现在她的音乐里。

人体模型
——听 Portishead

作为 20 世纪 90 年代英国摇滚歌坛上幻觉音乐（Trip‑Hop）的代表乐队，Portishead 和"大进攻"（Massive Attack）齐名。他们风靡了几乎整个 90 年代的英国摇滚歌坛。他们都是在 1991 年的布里斯托尔成立，只不过"大进攻"在当年就出版了首张唱片《蓝线》，而 Portishead 是在晚了三年之后的 1994 年出版了首张唱片《人体模型》，却出手不凡，立刻赢得了满堂彩，在整个英国大获成功，然后到美国进行巡回演出，出国之前这张唱片就已经发行了 15 万张，并且在这一年打败了包括"山羊皮"这样老牌乐队在内的许多对手，一举夺得英国有名的 Mercury 奖。这一年"大进攻"不甘示弱，出版了他们更为杰出而影响力非凡的第二张唱片《保护》。两个乐队几乎在膘着膀子干，一浪高过一浪，他们创造了一个"布里斯托尔的时代"。

这样说并不准确，因为他们和同样生在布里斯托尔并且也是在布里斯托尔成立乐队的"特里基"（Tricky），当时号称英国幻觉音乐的"铁三角"，应该说是他们这"铁三角"共同创造了"布里斯托尔的时代"。只是我没有听过特里基的音乐，铁三角中缺了一角，只好还是将 Portishead 和"大进攻"进行单独的比较。

现在听他们的音乐，真是无法想象当时那些歌迷为之疯狂的情景了。但是，从逻辑上可以推断，听惯了 70 年代和 80 年代朋克和疯克摇滚的歌迷们，当然是想听听新的音乐了，于是，要么接着原来的方向走，走向极端，将摇滚变成更加疯狂和尖锐，越发注重音乐外在的形式，就像我们在 90 年代的影视中经常看到的那些劲歌锐舞或蹦迪一样,可以随之山呼海啸般呐喊起舞;要么就改弦更张,把节奏、旋律、唱法和制作方式都调整一下,放慢放轻,轻拿轻放一般,让音乐注重内心,去触动去撩拨情感深处的那一根敏感的琴弦,不必非要那样和着歌的节拍大汗淋漓地疯狂跳舞,随便坐在哪里,倚在哪里,在烛光摇曳中也好,在昏暗沉沉中也好,懒散而慵怠地听,或听着听着昏昏欲睡,或听着听着泪水盈盈,随你的便。很显然,"大进攻"和 Portishead 都是属于后者。

如果从源渊再往上数,也许能看到"大进攻"和 Portishead 明显受到了"双生鸟"乐队(Cocteau Twins)的影响,那种对音乐和人声唯美的追求是相近的。因此,将这三支乐队对照来听,是非常有意思的。

如果让我说,那么 Portishead 和"双生鸟"更为接近,不仅形式和风格接近,就是所走的道路也一样相似。他们同样都是女主唱以女声的独特魅力而引人入胜,同样都是男人做为中坚人物作词作曲躲在幕后,而且都是这个男人在酒馆歌厅里慧眼识金发现了女歌手便一拍即合,场景和人物的出场都像是设计好的一样,巧得就像电影里演的。而且他们一样的性格羞怯,除了唱歌不愿意见人更不愿意参与其它的活动。只不过,"双生鸟"是格思里发现了弗雷泽,Portishead 是杰夫·巴罗(Geoff Barrow)发现了贝思·吉本思(Beth Gibbons)而已,AB 角替换罢了。

我一直不知道 Portishead 是什么意思,为什么要以此作为乐队的名字?后来我看到一本书上的介绍,知道了 Portishead 是布里斯托尔西边的一个小港的名字,乐队的核心人物杰夫·巴罗就生长在那儿。于是,杰夫·巴罗把乐队叫作 Portishead,吉本思也把乐队叫作 Portishead,大家都把乐队叫作 Portishead。Portishead 乐队比那个小港更有名。

从音乐本身而言,"双生鸟"似乎更迷离飘渺而神秘些,愿意把简单的电吉他和贝斯制作得更为精细让其音响效果更为丰富多彩;Portishead 奏出的音乐有时很古怪,时常发出一种鸭叫似的声音,除了个别的曲子用了弦乐、长笛和小号之外,他们似乎更愿意用打击乐,极重视爵士鼓,只是他们让那鼓点的节奏明显却并不快,稀释了一样,很缓慢地将鼓敲打得有时像一个逛街的小姑娘那样闲散随意,有时像一个红墙紫宫内、禁门深闺里的怨妇,柔肠寸断愁思千缕那样独自幽闭苦叹,有时简直像是一个流浪汉,无主题般懒洋洋地在烈日下昏昏欲睡。

如果说"双生鸟"有些像是披着迷离曳地的纱裙，Portishead则像是穿着磨破的牛仔服。有时候甚至会给人一种错觉，好像Portishead将音乐都隐去，最后只剩下了鼓声，在远远近近四处地敲响，震荡着你的耳膜。

不过，Portishead在《人体模型》里的《路》中的弦乐和长笛、《荣誉纸盒》中的哈蒙德琴、《支撑》中那一长串俏皮的小号间奏，还是很动听，极像是"双生鸟"。

从女声而言，与弗雷泽那飘忽不定根本听不出她唱的歌词是什么相比，吉本思的歌喉明朗，吐字清晰，有些假音，不紧不慢的样子，舒缓得很，温火炖鱼似的。但好像没有弗雷泽更富于变化，弗雷泽那种略带沙哑的嗓子变化多端，蛇一样灵动蜿蜒游走，穿透力似乎更强些。

与弗雷泽还有一点不同的，是吉本思唱得很少激动，也很少抒情，更很少激情和激烈。她只是缓缓地唱着，将感情冷却似的压缩在她轻轻地吟唱里。弗雷泽似乎是唱给更多人听的，吉本思似乎是唱给自己听的。弗雷泽唱得有些跟做梦一样，即使听不清她到底唱的什么词，却能跟着她一起上穷碧落下黄泉般梦游，吉本思唱得有些絮叨，有时还有些怪异，让人听不大懂。弗雷泽像雪山，将一角飘露在飘渺的云端；吉本思像冰山，将大半身深藏不露地潜在水里。

如果将Portishead和"大进攻"相比，"大进攻"融入多种多样的男女歌星演唱，比Portishead热闹，却没有Portishead单纯。但"大进攻"似乎比Portishead抒情些。如果说"双生鸟"走得更前卫些，"大进攻"则稍保守些，而Portishead似乎走的是两者之间中庸的路。对于我这样保守的人来说，更适合"大进攻"一些。

从歌词而言，比起Portishead来，无论"大进攻"还是"双生鸟"似乎都要略逊一筹。Portishead的歌词有些怪异而新奇，词组跳跃着，像是河水中的鹅卵石不同形状又在不同的地方闪耀着，迷乱人的眼睛，但其中连系着的一条主线即所宣泄的个人的痛苦，是让人明显就能感觉得到的。而这些很适合吉本思，让她演唱得形影相随，在不动声色中，缓缓地渗透进你的心里，将那些散落的鹅卵石连缀成雨花石一样楚楚动人的图案。在《神秘》中，她唱道："你的借口在里面，把罪恶打扫在一边，打扫在它们忘记的地方……拒绝投降，绳子直到扯断分离，谁敢、谁敢谴责，一切都是虚无。"然后是她一连串反复不停的反问："难道你真的需要吗？你真的需要吗……"

在《乖戾时刻》中,她唱道:"假装没有人可以找到,那早晨玫瑰的错误,禁果,隐藏的眼睛,我蔑视怜悯,去开车照相。因为没有人爱我,真的,不像你……"

在《荣誉纸盒》中,她唱道:"我已经很厌烦演奏这些箭和一个爱你的理由,请给我一个成为女人的理由。从现在开始不再被约束,我们都看见不同的画面,比一千朵更多的花会绽放,并给我们一些空间荡漾……"她用一系列比兴与暗喻,道出她的生存状态——面对欲望世界的无可名状的痛苦。

在此之前,作为非常个性化的摇滚,男人是摇滚世界的主体,女主唱本来就为数不多,有,唱的也只是爱情,是流行的,但吉本思独到地唱出她很个人化的痛苦。她的歌便与那些甜蜜蜜分道扬镳而鹤立鸡群般显眼。她唱得又很有自己的风格,她不是那种对痛苦寻死觅活地呻吟或声嘶力竭地吼叫,也不故作姿态顾影自怜(这样的女歌手现在还层出不穷),她唱得很平易,有点蓄含和害羞似的,只是有那么一点幽怨和哀伤,在缓缓的叙述中将声音和感情一并尽可能地压抑着,把痛苦像盐融化在水里,让你看不见却口渴地喝了进去,清润了我们的喉咙,却在里面悄悄地灼伤了我们的心肺。

这样听来,似乎"双生鸟"是那种梦中缤纷的女人,"大进攻"是那种现实中快乐的女人,Portishead 则是那种在精神天地里自寻烦恼与忧愁的女人了。

"大进攻"休闲色彩更浓些,适合在酒吧或聚会的场所听;"双生鸟"梦幻色彩浓郁,适合独自一人蜷缩在闭了灯的幽暗的沙发里听;Portishead 世俗些,适合和朋友一起听,不过,彼此都不要说话,因为你们要说的,吉本思都已经唱出来了。

黑色的巫女
——听迪亚曼达·格拉斯

如果歌声真的有颜色的话,那迪亚曼达·格拉斯(Diamanda Galas)的歌声一定是属于黑色的那种。有的人的歌声是粉的,比如托里·阿莫斯(Tori Amos);有的人的歌声是褐色的,比如惠特尼·休斯顿(Whitney Houston);有的人的歌声是紫色的,比如伊丽莎白·弗雷泽(Elizabeth Fraser);有的人的歌声是红色的,比如莎拉·布莱曼(Sarah Brightman);有的人的歌声是无色透明的,比如恩雅(Enya)……

我这里说的都是女歌手,因为格拉斯是一位女歌手。像她这样嗓音和唱法的女歌手,还有尼可、帕蒂·史密斯,但她比他们的歌声都要"黑"。真的,我还从来没听过一个女歌手的歌声有她这样的黑的,墨汁涂满的茫茫夜空没有一颗星星,连风的喘息都是黑色的。

我第一次听她的歌是在一盘叫做《歌手》的专辑里,1992年的出品。浓重的黑人灵歌、爵士和布鲁斯的音乐元素交织在一起,在她那嘶哑粗砺的嗓音调配酿制下,变得格外阴森恐怖,仿佛浑不欲生似的走到了生命的尽头,给她一把刀子,立马她就敢当着你的面让自己血花四溅。我敢保证任何一个正常人初次听,肯定都会难以适应。她的声音确实可怕,不仅是比男人还要粗鲁、嘶哑、低沉和放纵,还有一种醉酒后或更年期歇斯底里的样子。怪异的嘶鸣,痛苦的呐喊,压抑的情绪,蛇一样扭曲纠缠的发泄,真像是走进了夜色沉沉的莽莽原始森林,遍布着怪兽怪鸟和纵横枝蔓上攀附蠕动的蟒蛇,还有猫头鹰在远处眨着鬼魅逼人的眼睛……

有时,她似乎有意压抑着自己的嗓子,牧马一般不惜抽动着鞭子,让马跑得快些,快些,离开那片草坡更远些。

有时,她的嗓音极其嘶裂,没来由突然间炸响的雷声似的,让那霹雳滚过的雷声久久不散,回响在雨珠纷披的天空。

有时她又运用了地道的美声唱法,从鼻腔和胸膛里发出浑厚的共鸣,与迸溅出的钢琴声一起飞珠跳玉次第飘逸而下,极其古典。顺便说一句,钢琴弹得非常好,可以说是出神入化,和她的歌声此起彼伏,上下呼应似的,配合着她,就像是007和他的美女搭档。

看磁带上的介绍,知道所有的音乐都是她自己一人的创作。

我对她格外感兴趣,可惜,查了半天,关于她的资讯很少。只知道她的父母都来自希腊的宗教家庭,都很有艺术修养,她本人出生在圣地亚哥,父母在她小时候就鼓励她弹钢琴,却不鼓励她唱歌。在一般人眼里弹钢琴和唱歌尤其是唱摇滚,是水火难容的。她从小便弹贝多芬和勃拉姆斯,也喜欢弹希腊和阿拉伯的乐曲,被称为"几乎从生下来就在键盘上弹奏"的天才。结果,她弹得一手好钢琴,却也唱得一嗓子好歌,最后竟然唱起了如此另类的摇滚。她只听从了父母的一半,不过,能够听从父母一半的孩子长大后都算是不错的人了。

她的第一部作品出版在1982年,歌词和音乐都是自己一个人完成。歌词里引用了圣经和一位法国思想家的作品,那不是为显得高贵或附庸风雅,而是给她的音乐带来了少有的纯文学的品质和深度,帮助她强烈地传达着对命运的理性思考,给她以后的专辑打上了一层再也无法抹去的底色。

她有一个她非常爱着的弟弟,是一个剧作家,1986年,仅仅32岁死于艾滋病。一直是她在病榻前照顾弟弟,弟弟的死给她沉重的打击,浓重的阴影渗入了生命里,为她的音乐发展加上了一块沉重的石头,她写了组歌《天启》,讲到艾滋病,音乐是以抒情女高音开始,到像野兽咆哮一样结束。

黑色,就是从那时侯涂抹上她的音乐?人们说她唱歌时"眼中射出逼人的X光"。她对生死的追问,对罪恶的声讨从未间断。

黑色,有时不是一种坏颜色。在我看来黑色和白色是最主要的两种颜色,没有这两种颜色,其它的颜色便没有了对比和存在的意义。黑色,夜色一样纯正的黑色,沥青一样灼热的黑色,有时是铺路的必备,有时是力量的显示,平坦而弹性的路面,托起盛满建设和罪恶、美好和淫秽同在的车辆在上面飞奔,也托起同样是黑色的喜鹊和乌鸦在上面飞翔。

她的歌被称为"撒旦的新郎"、"前卫的黑玫瑰"。黑色,确实了她的歌声的颜色。

我听她的歌,觉得不再像是孩子似的只会觉得吓人。这个在加州大学读的本科在欧洲读的研究生,以五种语言写歌、以十种语言唱歌的格拉斯应该让我刮目相看。在摇滚女歌手中,不乏出类拔萃者,但在这方面谁能够赶得上她格拉斯?她有意拓宽摇滚内容对人生终极意义的追问和对人类心灵与精神的哲学意义上的深究,同时她如同跳高和短跑运动员向运动高度与速度的极限挑战一样有意探索人类声音的极限所在——从内容到形式这两方面的努力,让我对她不敢小视而对她格外敬重。

特别让我奇怪并百思不解的是,她的歌巴洛克的内容、先锋的形式和尖锐的声音,是那样不协调地拼接在一起,在摇滚歌坛中是不多见的。但看她的照片,一身黑色皮衣敞着怀露出黑色的胸罩,那种怪异的形象又和她黑色的歌声倒是那样协调。据说她现场演唱时要用七个麦克风制造声音效果,这疯狂劲头与她所崇尚的古典文学多么的不协调,但想一想她曾经说过"我很多年一直都希望作一种杀人者的爱情歌曲",那样极端的念头一直藏于心中,演唱时的极端表现又有什么可奇怪的呢?该又是多么的协调。也许,她就是这样的一个矛盾体。

我听到她的第二盘专辑是 1994 年出版的《挑逗的生活》。这是她和曾经非常有名的齐柏林飞艇乐队的贝斯手约翰·保罗·琼斯(John Paul Jones)精彩而难得的合作。据说,早在 1982 年琼斯第一次在唱盘里听到格拉斯的一首叫做《带着牛排刀的疯狂的女人》,就一听钟情,发誓一定得和这样与众不同的女歌手合作一次。一直到七年后的 1989 年在伊丽莎白女王大厅里亲眼见到了格拉斯的演唱,更觉得和格拉斯的合作是他一辈子最大的愿望。她的歌对于琼斯竟然有着如此的魔力,如同长期的马拉松恋爱,十二年执着的追求和等待,才有了《挑逗的生活》这盘专辑。

这盘专辑的封套印得很夸张,戴着墨镜的琼斯坐在敞篷汽车里,身着红色连衣裙露出黑色胸罩带的格斯站在车外怪诞地笑,手里拿着一把带锯齿的瑞士刀,不知是不是 1982 年那把牛排刀?

黑色的巫女

十二年过去了,什么不会变?不能变?格拉斯的音乐当然也发生了变化。原来虽然很锐利沙哑和尖叫瘆人,但总还有钢琴,在那里中和着,给你一份心理上的平衡。这一次,没有了钢琴,只剩下了鼓的节奏和低音贝斯的轰鸣,敲打得格外剧烈。那一份原有隐藏在内的优雅被彻底抛弃了,像是赤脚走在了尘土飞扬的闹市,嘈杂而燥热,随时都可能来一场暴风雨或沙尘暴。变了形的声音,我以为是经过了处理的,有时那种像鸭子的叫唤,真不知她是怎么想出来的。间或她自己 Rap 说唱,很神经质的样子,让人实在有点匪夷所思。

有浓厚的民间音乐的元素,阿拉伯风味,街头卖艺的演唱,歌声随鼓点旋起,就像舞蛇人身上的蛇吐出的信子在风中抖动,蜿蜒柔软的蛇身在脖子上手臂上伸缩着,滑动着。

还是能够听出她愿意用的灵歌的东西。灵歌包含着面对死亡这人生最绝望之际能够继续顽强活下去的勇气,在那种游丝不断呻吟不已哀号长鸣的悲戚痛苦中表现出生命内在的张力;灵歌所弥漫着的在人类孤独无助茫然无着时与生俱来的宗教感,正是她所需要的,是她对生死的追问和对罪恶渊薮的责问一以贯之的追求和依托。

从嗓音的怪异上来看,女子摇滚中大概只有帕蒂·史密斯、尼可、PJ·哈维少数几个人能够和她比肩。但如果从社会学的批判意义和宗教的皈依意义来看,谁也比不上她。

她确实与众不同。她一身黑衣黑裙黑皮靴黑胸罩,站在夜色笼罩下的黑森林中,和她的歌那样相像相配。

如果帕蒂·史密斯是才女,PJ·哈维是魔女,尼可是妖女,那么,她——迪亚曼达·格拉斯,是巫女。

巴洛克摇滚
——听"米兰达性花园"

在 20 世纪 80 年代被称之为后朋克的时期,摇滚似乎渐渐地把自己以往对社会政治和问题的反抗兴趣稀释,而转向对摇滚自身艺术形式倾注了热情。这一时期的摇滚,或呈先锋的姿态激进向前比如重金属,或呈唯美的面貌出现比如氛围摇滚,或向民间向诗歌寻求新的营养比如老民谣比如 Rap 比如不插电比如帕蒂·史密斯比如 PJ·哈维……总之,五花八门,门派林立,令人眼花缭乱,听也听不过来。

在这些乐队中,鱼龙混杂,打着摇滚的幌子,滥竽充数者不少,花开得快,败得也快,各领风骚一两年,自生自灭。热闹是热闹,大多却是嗡嗡飞过来的蝗虫,而不是能够酿蜜的蜜蜂。

不过,也确实有不错的蜜蜂。尘埃落定,在琳琅满目的乐队中有一支叫做"米兰达性花园"(Miranda Sex Garden)的,虽然并不是什么大牌,多么的引人瞩目,却是与众不同。她们别出心裁,以一种退守的姿态向古典的巴洛克音乐靠拢,将完全现代的摇滚制作成一杯味道别样的鸡尾酒。她们被称为巴洛克摇滚,可谓一个现代的模特头戴假头套身穿巴洛克时期老套服装,有点不伦不类,但也格外的有意思。在几乎所有的摇滚都在向前做激流勇进另类状,她们以保守的姿态向古典祈求庇荫,其实,也是一种另类。

"米兰达性花园"乐队是一支由 J·韦斯特、凯莉·麦克卡斯克、凯瑟琳·布莱克组成的女声三重唱。在照片上看起来三位女歌手都十分漂亮,大大的眼睛如她们的歌声一样明亮。在制作第一张唱片时,她们都在英国普塞尔音乐学院学习古典音乐。像所有喜欢唱歌的音乐学院的学生一样,到学校外面去尽情地唱唱歌,是她们最愿意做的事情;不一样的是,她们后来竟然将歌声融入了她们学习的专业巴洛克的色彩和元素。她们将自己拥有的所长发挥得淋漓尽致,一点都没有糟践。

只是,她们跑了一个小小的圈儿。因为她们最初和所有年轻人一样,也只是喜欢唱唱情歌,还没有爱情的姑娘尤其爱唱这样的歌。她们唱的第一支单曲《泪如泉涌》就是民谣式的抒情情歌。不过,没有任何影响。唱这样歌的人可以大把地抓,她们被淹没在汪洋大海般的情歌里。这也并不奇怪,毕竟她们师出无名,道性太浅。她们也曾给当时鼎鼎有名的"污点"乐队(Blur)唱歌为其暖场,但遭到被歌迷们喝倒彩的尴尬,仅仅是年轻漂亮,并不能赢得摇滚歌迷们欲壑难平的心。

这样的遭遇,逼得她们另辟蹊径。当然,机遇也很重要。

就在这一年,也就是 1991 年,她们像很多年轻人一样,在伦敦的波特贝尔街上肆无忌惮地边走边唱。这是一条古老的街道,却不乏时髦,两旁有古玩店,也有时装店,古老和现代纠集在一起,简直就是她们未来音乐生涯的象征。她们做梦都没有想到,就在她们在这条老街上尽情唱歌的时候,偶然间被一位叫做爱德蒙森的人听到。偶然,有时是那样的重要,那样的神奇,因为这个爱德蒙森是著名的 MUTE 唱片公司的星探,曾经是"尼克·凯夫和坏种子"乐队的贝斯手,一位地道的摇滚行家。他被她们三人那种干净纯真的声音吸引,那一天,她们的歌声因爱德蒙森的出现而变得意味深长,波特贝尔街因她们的歌声而生动起来。

爱德蒙森邀请她们为电影《稀释》演唱插曲,MUTE 公司签约出版了她们的第一张专辑,这就是《马德拉(MADRA)》。这一年,她们整整 20 岁,一个多么让人羡慕的年龄。

我听的就是这张《马德拉》。这真是一张非常好听的专辑。没有伴奏,完全人声,三个人的声音起伏摇曳,错落有致,微风拂面,细雨沾衣,配合得天衣无缝,十分默契。三人的声音像是三把提琴:一把大提琴,一把中提琴,一把小提琴,弦弦相合,丝丝入扣。那声音确实是天生丽质,一派天籁,干净得如同一泓泉水般透明,伸手抓下去,只有清冽的水珠湿润晶莹;单个听来如莲叶上一颗颗水珠一样圆润地滚动，合起来听则是水珠打湿成一片如同一泓涟漪美艳荡漾的湖水。说他们的歌声是声音的画、声音的诗，一点不假。在摇滚音乐中，三重唱的极少，女声三重唱的更少，摇滚越来越注重的是电吉他和电子合成器，她们便显得尤其可贵和有意思。

有意思的还有，在这张唱盘里，她们唱的全都是 17 世纪英国的宗教歌曲，完全巴洛克风格。这些歌曲，不仅我们中国人十分陌生，就是英国人自己也不那么熟悉吧？那些过于遥远的歌曲，犹如出土文物一样，被她们的声音擦拭得焕然一新。她们不是用教堂唱诗班的唱法，也不是用 19 世纪浪漫派音乐家在交响乐团里用的宗教合唱或歌剧里的唱法，和她们的英国老乡沃恩·威廉斯（Vaughan Williams）的交响乐中那些虔诚的合唱曲和那些诸如《圣城》等专门的合唱曲，也不大一样。无疑，她们是用摇滚的方式来诠释巴洛克，诠释她们国家古老的牧歌传统。这实在是一件有意思的事情，因为在一般人看来巴洛克式的古典和现代的摇滚，即使不是水火难容，也是风马牛不相及。一般喜欢古典的人会对摇滚不屑一顾，一般喜欢摇滚的人又会认为古典是老掉牙要掸掸土的玩意，两者怎么可以鱼水交欢呢？她们却唱得很有味道，把巴洛克时期那种宗教的虔诚，那种色彩的丰富，都唱了出来，唱得并不陈旧，而是充满现代的气息。那些伊丽莎白时代的悠扬而清醇的牧歌，被她们唱得格外美丽动听，而且富于感情。想象着她们唱歌的样子，总让我觉得她们不是站在烛火通明的教堂里，而是站在浓荫茂密的林间小道上或一望无际的海边的礁石上，有鸟的鸣叫和海浪的呼吸在为她们的歌声伴奏。拒绝了一切乐器的伴奏，让歌声纯净美好得没有一点杂质，云彩一样尽情地飞奔在无垠的天空。

著名的音乐杂志《声音》当时这样评价她们："现在我们处在犹太人的礼拜堂里，被一片和谐平静改变成另一种地方，天空变成了蓝色的天鹅绒蓬帐，天空中最明亮的星就是她们米兰达性花园。"

另一家有名的音乐杂志《旋律制造者》则这样评论她们的歌声："像一扇马赛克染色的玻璃窗，完全是艺术性，是让人停止心跳的美丽。"

她们用她们的声音神奇地将时间和地点一并置换，让巴洛克复活在摇滚里，让古典狂欢在流行中。她们奇妙地将巴洛克时期那种圣洁如云的圣歌同 20 世纪末浮华浮躁虚荣奢靡样样拥有却恰恰缺少圣洁的矛盾结合在她们起伏跌宕的歌声中了，便将跨越在迢迢的时间之河里的音乐，粘合在一起，达到一种

巴洛克摇滚

貌合神离的效果。她们就是这样神奇地将面前的所有不和谐都溶解在她们和谐的歌声中,将耳边的一切喧嚣都沉淀在她们肃穆的歌声中了。

在这盘唱片中,几乎囊括了 17 世纪英国本土最有名的一批牧歌作曲家的作品。比如托马斯·莫利,他是英国牧歌的先驱,她们演唱了他的三首牧歌;比如奥兰德·吉本斯,英国复调音乐的最后一人,英国无与伦比的管风琴、古钢琴的演奏家,她们演唱了他最富盛名的《银色天鹅》;比如英国诗琴派歌曲的作曲家罗勃特·琼斯,她们唱了他有名的《甜蜜的凯特》;比如英国另一位重要的牧歌作曲家托马斯·威尔克斯,她们唱了他的《这些可爱的百合花》;再比如托马斯·汤姆金斯、约翰·威尔比、约翰·希尔顿、约翰·贝内特……三个小姑娘妄想把她们的前辈一网打尽。

听这盘唱片时,我常常想起这样的问题,选择古典为什么三个女孩非要选择 17 世纪? 17 世纪,对于我们已经十分遥远,早长出漫长而花白的胡须。但对于历史来说,17 世纪实在是一个让我们羡慕而要叹气的世纪。在 17 世纪,涌现出多少伟大的人物。不用细数,我们就可以数得出来,作家有现在我们仍然在读的英国的弥尔顿、法国的高乃依、拉辛、莫里哀、西班牙的塞万提斯;画家有我们至今叹为观止的荷兰的鲁本斯、意大利的贝尔尼尼;伟大的戏剧家莎士比亚就不用说了,音乐家就更多了,蒙特威尔第、许茨……哲学家和科学家培根、笛卡儿、莱布尼兹、伽里略、牛顿、开普勒……个个都是重量级的人物,说是灿若星辰,那个时代才真正是名实相符。面对 17 世纪,我们只能够抬头仰望。因为即使我们现在科技进步发达已经进入了信息化的网络时代,但我们毕竟没有涌现出这样多伟大的人物,人类被过剩的营养怂恿着不断地虚胖而需要一次次减肥,并没有长高多少,站在 17 世纪这些伟人面前,仍然显得矮小许多。看来,有的时代会涌现出一批人物,有的时代是只出侏儒和咸带鱼,而在 17 世纪,呼啦啦铺天盖地长出一茬高大旺盛的树木来似的,在以后的岁月里依然高高地站在那里,为我们洒下浓郁的绿荫。

三个小姑娘就站在他们的绿荫下面,承受着他们的营养和庇护。或许,她们觉得现代的身影再长,也还没有走出他们悠长的影子,唱他们只是她们的一个遥不可及的梦想。当她们觉得自己拯救不了自己的时候,只好去乞求她们的前辈,不是拉大旗做虎皮,而是梦想呼吸那时清新的空气。当然,这只是我对她们的猜想。

有记者在采访时问："你们这样做是否是对学院派教育的一种反抗？"她们当中调皮的凯瑟琳回答："我们一部分是受的古典教育，另一部分是要创新，这之间有一个中间地带，我们要做的是把古老的歌曲放在有趣的背景下阐释。"

或许，这就是她们对巴洛克音乐的理解。并不真的是向古典靠拢和回归，更不对17世纪的怀想和仰望，而是重新构架起古典主义的理想和价值标准。但这没什么，毕竟她们唱得很好听，纯净的声音，在商业时代，到底是久违的心动。

距她们这第一张专辑，整整十年过去了。据说，在这十年中，她们换过两个主唱，只剩下高音细若游丝的凯瑟琳·布莱克做主唱，又增加了一个吉他手和一个键盘手，纯粹人声的音乐消失了。她们出过另外三张专辑：1992年的迷你专辑《彩虹》、1993年的《叹息》、1994年的《奴隶的仙境》。只是她们已经厌烦了古典，而对意大利的恐怖电影和超现实主义的东西感兴趣，以另类电影导演大卫·林奇的特点作为自己的追求，并在影片《蓝》的音乐里作过一部分的实验性音乐。她们唱的主题是爱、渴望、性和纯真的丧失。

巴洛克离她们越来越远了。

巴洛克本来离她们就很遥远。

巴洛克离我们都很遥远。

巴洛克时期的音乐会,既有宗教的虔诚,也有色彩的丰富。到了20世纪,一群小姑娘试图用她们的声音,让巴洛克复活在摇滚里,让古典狂欢在流行中,她们奇妙地将巴洛克时期那种圣洁如云的圣歌同20世纪末浮华浮躁虚荣奢靡样样拥有却恰恰缺少圣洁的矛盾结合在她们起伏跌宕的歌声中了,便将跨越在迢迢的时间之河里的音乐,粘合在一起,达到一种貌合神离的效果。

到纽约找鲍勃·迪伦

2006年的春天,我从芝加哥前往纽约。其中一个很重要的目的,就是寻找鲍勃·迪伦当年的足迹。那时,我刚刚读完鲍勃·迪伦自己写的传记《Chronicles》(我国翻译为《像一块滚石》,江苏人民出版社2006年1月版)。年轻的鲍勃·迪伦,当年也是从芝加哥来到纽约。那是他第一次来到纽约,自从1959年的春天,他离开家乡北明尼苏达的梅萨比矿山,来到了明尼阿波利斯之后,他还是第一次离开家乡到这么远的地方来,要穿过伊利诺伊州、印第安纳州、俄亥俄州、宾夕法尼亚州,一直向东再向东。只不过,和我到纽约的时间不一样,那是一个冰雪覆盖的冬天。他坐在一辆1957年黑羚羊破车的后座上,昏沉沉地坐了整整一天一夜二十四小时,一刻没停地来到了纽约。当那辆黑羚羊驶过乔治·华盛顿桥,他被嘭的一声甩下车,像货物一样重重地落在了纽约冰冷的雪地上。

在那本传记里,他说:"我终于来到了这里,纽约市,这座好像一张复杂得难以理解的大网的城市,我并不想尝试去理解它。"

3月春天的纽约,虽然树木还没有一丝绿意,春寒料峭之中,匆匆行走在曼哈顿大街上的人们,依然还需要穿着厚厚的冬衣,但是,已经不再是鲍勃·迪伦感受的冬天中那种"城市的所有的主干道都被雪盖着"的昏暗冰冷的情景了。

站在纽约街头,我在想,鲍勃·迪伦为什么选择在那一年的冬天到纽约呢?哪怕是如我现在一样初春时分也要好得多呀,起码可以不必为烤火取暖而不被冻死街头而担心,起码可以不必那么着急去那个叫做"问号瓦"的酒吧去打工,没有工钱,每晚只有可怜巴巴的几个零花钱,乞丐一般的勉强糊口度日。也许,他就是专门选择这样一个季节,励志青年一样,为的就是考验一下自己的意志和决心?

抵达纽约的第一天晚上,我便去了时代广场。当它突然出现在我的面前的时候,它比我想像的要小。人流如鲫,霓虹灯疯狂地闪烁着,让这里比纽约的任何一个地方都要流光溢彩,喧嚣而沸腾,给我的感觉像是一杯满满腾腾溢出杯口的色彩炫目的鸡尾酒。我不知道此刻的时代广场,和当年是不是一模一样,只知道当年在"问号瓦"酒吧里,听说时代广场上有一处叫做"赫伯特的跳蚤博物馆"的演出场所,鲍勃·迪伦特别渴望跳出狗窝一样的"问号瓦",能够到那里去唱歌。我不知道他后来找没找到那个地方,但那确实是他来到纽约之后第一个向往的地方,他渴望沾一沾那杯鸡尾酒溢出的泡沫的味道。

第二天的晚上,我来到了格林尼治,"问号瓦"酒吧就在这里,那只是地下室里一间肮脏而潮湿的屋子,却是当年鲍勃·迪伦在纽约表演生涯开始的地方,他用口琴为人家伴奏。夜色笼罩下的格林尼治,安静异常,除了迷离的街灯梦游一般闪烁,几乎见不到行人。虽然没有了当年冬天的寒风呼啸,却再也没有了当年的"问号瓦"酒吧。在那间简陋破败的酒吧里,我难以想象,年轻的鲍勃·迪伦朝不保夕,竟然充满着那样的自信,起码在他后来写的自传里,显得那样的自信:"我不是来寻找金钱和爱情。我有很强的意识要踢走那些挡在我路上不切实际的幻想。我的意志坚强得就像一个夹子,不需要任何证明。在这个寒冷黑暗的大都市里我不认识一个人,但这些都会改变——而且会很快。"

他凭什么认为能很快改变自己的命运?我一直奇怪鲍勃·迪伦的自信是从何而来?是因为时过境迁之后将一切包括心情和事实不自觉地都重新改写?还是仅仅出自心中对音乐的那一份痴迷,便战胜了一切艰难困苦?也许,是因为年轻的缘故吧。只有年轻,才会将一切痛苦和磨难都化为幸福,让哪怕是丛生的荆棘,也能够编织成鲜花的花环。他就像现在那些居住在我们北京郊区农民房子里或蜷缩在城里楼房地下室里的"北漂一族"一样,让心目中音乐的理想之花开放在一片近乎无望的阴暗潮湿之中。

在鲍勃·迪伦的自传中,有一段他和"煤气灯"酒吧的著名歌手范·容克(Dave Van Ronk)的传奇邂逅,写得很精彩。他极其崇拜范·容克,在来纽约之前,他就听过范·容克的唱片,而且对着唱片一小节一小节地模仿过他的演唱。鲍勃·迪伦曾经这样形容范·容克:"他时而咆哮,时而低吟,把布鲁斯变成民谣,又把民谣变成布鲁斯。我喜欢他的风格。他就是这座城市的体现。在格林尼治村,范·容克是马路之王,这里的最高统治者。"

那个纽约寒冷的冬天,鲍勃·迪伦如一只被抽打的陀螺,不停地旋转着在格林尼治的几家酒吧里混日子。有一天,他正在一家叫做"民谣中心"的酒吧里,人高马大的范·容克披着一身雪花突然走了进来,让鲍勃·迪伦对和他的不期而遇感到异常的惊异,一时不知该如何是好。他看见范·容克抖落身上的雪花,摘下手套,指着挂在墙上的一把吉布森吉他表示要看。就在他看完并拨弄几下琴弦之后要走的时候,鲍勃·迪伦一步上前,"把手按在吉他上,同时问他如果要去'煤气灯'工作,该找谁?……范·容克好奇地看着我,傲慢,没好气地问我做不做门房?我告诉他,不,我不做而且他可以死了这条心,但我可不可以为他演奏点什么?"

他们就这样认识了。那天,鲍勃·迪伦为范·容克演奏了一曲《当你穷困潦倒的时候没人认识你》。他便从"问号瓦"走到了"煤气灯",开始了和范·容克一起演唱的生涯。他每周可以有六十美金的周薪,这是他到纽约之后第一次有了相对稳定的收入。这家坐落在麦克道格街上首屈一指的酒吧,将带着他改变命运。当他第一天晚上去那里演唱,在走向"煤气灯"的半路上,他在布鲁克街一家叫米尔斯的酒馆前停了下来,走进去先喝了点儿酒,镇定一下自己的情绪。"出了米尔斯酒馆,外面的温度大概是零下十度。我呼出的气都要在空气中冻住了。但我一点也不觉得冷。我向那迷人的灯光走去……我走了很长的路到这里,从最底层的地方开始。"

"但现在是命运显现出来的时候了。我觉得它正看着我,而不是别人。"

我猜想,大概从那个零下十度的冬夜开始,纽约对于鲍勃·迪伦不再那样的寒冷,而成为了他自己的纽约了吧?在那以后,纽约即使不是敞开温暖的怀抱拥抱他,起码如同一轴长长的画卷,开始向他舒展出他渴望看到的温馨而能够充满想象的一面,而不再仅仅是冰冷阴暗、垃圾堆集的一面。那时候,他常常一清早就爬起来,跑到城北边的博物馆里,看了他从来没有看到过的那么多画家的名画,从委拉斯凯兹、戈雅、鲁本斯、格列柯,到毕加索、康定斯基、博纳尔和当时的现代派画家雷德·格鲁姆斯。在格林尼治那阴暗潮湿的地下室里,他读了大量的文学作品,还有卢梭的《社会契约论》、卡夫卡的《变形记》、马基雅维利的《君主论》、伯里克利的《理想的民主城邦》、弗洛伊德的《超越快乐原则》、克劳塞维茨的《战争论》，乃至塔西佗讲演稿和书信，可谓是各派杂陈、五花八门。当然，他读得最多的还是诗歌，拜伦、雪莱、彭斯、费朗罗和爱伦·坡，都成为了他的启蒙，他第一次将爱伦·坡的《钟》谱写成了歌曲，弹奏着他的吉他演唱，开始了他歌曲新的创作，那种民谣风格融入丰厚的文学的光彩，如雪花一样晶莹闪烁。风雪交加的纽约，给了鲍勃·迪伦最初的磨练和考验的同时，也给了他最初的艺术营养和积累，让他一点点羽毛丰满，终于有一天箭在弦上，时刻处于引而待发的状态，饱满的张力，如同一颗阳光下快要萌发的种子。

在这个时候，他还乘了一个半小时的长途汽车，到新泽西莫里斯镇，爬上山坡到一家叫做灰石的医院，去看望他所崇拜的正在病危中的上一代民谣大师伍迪·格思里（Woody Guthrie）。他给他带去了他最爱抽的罗利牌香烟，他为他演唱歌曲，每一首都是格思里自己创作的，他用这样的方式向心目中的大师致敬，也慰藉着病重中的大师。鲍勃·迪伦还曾经遵照格里斯的嘱咐，踩着那时候风雪泥泞的沼泽，特地到布鲁克林的科尼岛上格里斯的家中，寻找格里斯未来得及谱上曲的那一箱子歌词和诗稿。我知道，格里斯代表着20世纪50年代，而鲍勃·迪伦则代表着新生的60年代，这是新一代和老一代的交接和告别仪式，意味着50年代真的无可奈何也义无反顾地结束了。鲍勃·迪伦就像是上帝专门为60年代而创造的歌手一样，敏锐地感知着60年代的每一根神经。鲍勃·迪伦的诞生，宣告了垮掉的一代和忧郁的布鲁斯、乡间民谣的50年代的结束。

面对60年代所发生的这一切，鲍勃·迪伦用他嘶哑的嗓音抒发出了他对于这个世界理性批判的态度和情怀。他以那样简朴疏朗又易学易唱的旋律、意象明朗且入木三分的歌词、沙哑深沉而强烈愤恨的情绪，站在领头羊的位置上，充当着人民的代言人的角色。听他那时的歌，总让我情不自禁地想起我们的《黄河大合唱》，他就像是站在那浩浩大合唱前面的慷慨激昂的领唱和领颂。他的歌声就像马丁·路德·金的演讲一样，震撼着美国和世界的许多角落。

可以说，所有以后发生的那一切，纽约的作用不可低估，纽约是鲍勃·迪伦那一起跳最有力量的一块跳板。很难想象，如果鲍勃·迪伦一直还在明尼苏达或者伊利诺伊州，会是什么情景，还会有后来的鲍勃·迪伦吗？纽约并不像鲍勃·迪伦所说的只是"一张复杂得难以理解的大网"，而更像一株盘根错节、枝叶参天的大树,让每一只飞翔的鸟都有自己落栖之处,给你磨难,也给你营养,给你眼泪,也给你欢笑,然后送你飞上更广阔的天空。

其实,我在纽约前后只住了短短的三天,但是,根据他写的自传,我还是尽可能找到了他在自传里提到过的一些地方。在格林尼治,他最常出没的地方,几乎都能够看到他年轻的身影,即使当年他所演唱的那些酒吧早已经物是人非,新的地图上勾勒出的是新的地表景观。我也曾到第三和第七大街,那里分别是爱伦·坡和惠特曼的故居,当年,鲍勃·迪伦每一次路过这里的时候,总要对着那窗子投去哀悼的目光,想象着他们在那里写出的并唱出的灵魂深处的真实的声音。那时候,望着他们人去楼空的窗子,他渴望自己能像他们一样成功而成名,渴望着自己也能够唱出他们那样至诚至爱的声音。而如今,正如鲍勃·迪伦说的:"这座城市像一块未经雕琢的木块,每一名字、形状,也没有好恶。一切总是新的,总在变化。街上的旧人群已经一去不返了。"我只不过是在重复着鲍勃·迪伦的步伐和心情而已。

我没有能够找到赫德逊街和斯普林街,它们应该就在格林尼治附近,但那晚我去的时候,风很大,街上难得见到行人,好不容易看见了人,都是旁边纽约大学的学生,他们不是一脸茫然,就是说的英文我听不懂,人生地不熟,我只好无功而返。

在那两条街中间,当年在一个垃圾桶旁边,曾经有一家小咖啡馆。那个鲍勃·迪伦初来纽约寒冷的冬天,有一天,他走进了那家小咖啡馆。"午餐柜台的女招待穿着一件紧身的山羊皮衬衫。这件衣服勾勒出她优美的身体曲线。她的蓝黑色头发上戴着一块方头巾,有一双有神的蓝眼睛。我希望她能爱上我。她给我倒上冒着热气的咖啡,我转身对着临街的窗。整座城市都在我面前摇晃。我很清楚所有的一切都在哪里。未来没什么可担心的。它已经很近了。"在鲍勃·迪伦的自传里,读到这里,我很感动。也就是那时候,合上了书,我下决心,到纽约的话,一定要找找鲍勃·迪伦当年在那里的轨迹。

3月的纽约,寒冷却生机勃勃,百老汇大街上,人头攒动,到了夜晚,灯红酒绿,更是人的海洋,难怪提起纽约,鲍勃·迪伦总会说它是"世界的首都"。其实,在那个寒冷的冬天里,纽约终于也成为了鲍勃·迪伦的首都。从鲍勃·迪伦那个第一次从芝加哥来到纽约的时候算起,将近五十年半个世纪的时光过去了,鲍勃·迪伦已经老了。年轻的鲍勃·迪伦,只和这座城市的记忆和他自己的歌声同在。

鲍勃·迪伦曾经这样说过:"民谣在我的脑海里响着,它们总是这么响起。民谣是个地下故事。"这是他对民谣的理解,也是他把民谣当成了一生的艺术生命,才有可能如风相随一般总那样在脑海里响起。想起鲍勃·迪伦,总会想起他唱过的《答案在风中飘》、《战争的主人》、《上帝在我们这一边》、《像滚石一样》、《大雨将至》……那一首首脍炙人口的民谣。这些民谣伴随了一代人的成长,走过了近半个世纪,刻进了时代的年轮。歌声真的是有生命的,和人一样渐渐长大,慢慢地变老,而且,比人的生命还要长久,哪怕人的生命结束了,歌声还会在这个世界上荡漾。

离开纽约的那天夜晚,我再次前往时代广场,在旁边便道上,见到正在卖画的一对来自上海的夫妇,他们在出售约翰·列侬头像的铅笔素描,我花了十美金买了一幅,可惜没有鲍勃·迪伦的画像,这让我很奇怪,也有些扫兴。在三角广场上,一组歌手正拉开阵势,弹奏着电吉他,演唱着民谣,虽然不是鲍勃·迪伦的风格,也不是鲍勃·迪伦常用的木吉他,却是和鲍勃·迪伦初闯纽约时一样的年龄。纽约的夜空,正如当年接纳鲍勃·迪伦的歌声一样,有些嘈杂,却很激越地回荡着年轻的歌声。

www.ingramcontent.com/pod-product-compliance
Lightning Source LLC
Chambersburg PA
CBHW080411230426
43662CB00016B/2373